考拉旅行　乐游全球

■说走就走的旅行 有我，就是这么简单！■一书在手，畅游无忧

AUSTRALIA GUIDE

畅游 澳大利亚

就这本超棒！

总策划 黄金山

《畅游澳大利亚》编辑部 编著

華夏出版社
HUAXIA PUBLISHING HOUSE

目录 畅游澳大利亚 AUSTRALIA CONTENTS

❽ 布里斯班 139

❾ 黄金海岸 151

14 澳大利亚其他 211

索引

出游需要个好帮手

　　《畅游世界》系列图书即将付梓，编者嘱我写序。我曾经从事旅游出版工作十余年，对旅游图书有些感觉，在这里谈一点感言，权作交差吧。

　　人生数十载，不外乎上学、工作、生活三部分内容。上学和工作乐趣不多，压力不少；只有生活（上学和工作之外）能够品尝出些许味道。而这其中，最有意思、最令人向往、最能给人带来欢乐与回味的生活方式便是旅游，尤其对于当今生活节奏快、成本高，工作压力大、收入低，人口密度高、服务差，整天像牛马一样机械地干活的都市人来说，旅游是一副综合的良药，虽不能说包治百病，却是良效多多。记得哲人歌德说过："大自然是一部伟大的书。"而旅游就是阅读这部大书最为轻松愉悦的方式。一次短暂的旅游，可以使心灵得到长时间的安宁与抚慰；一次遥远的旅游，可以领悟人生的坎坷，体验生命的精彩；一次艰辛的旅游，留下的是难忘的记忆；一次快乐的旅游，带来的更是值得珍藏的财富。总之，旅游陶冶人的情操，愉悦人的身心，给人的生活带来无尽的希望与力量。

　　一次成功的旅游，需要做好三个阶段的工作：行前准备、途中指引、归来总结，而一本好的旅游指南书都能帮您搞定。虽然说现今的网络发达时代，利用各种固定的、移动的电子设备，可以查询相关旅游信息，方便快捷，但我对这些东西其实并不感冒，起码目前是这样，因为网上的信息东拼西凑、复制粘贴的太多，新兴的数字出版领域从行规建设、人员素质、质量控制等等诸多方面，要比已经发展了近百年的传统纸质图书行业稀松得多，可信度自然也就大打了折扣。数字出版物要想俘住广大读者的心，还有很长的路要走。所以，我建议出游的人们目前携带一本精要实用的纸质旅游指南书，还是明智的选择。

书店的旅游指南销售柜台已经摆满了花花绿绿的多家产品，各有优劣，读者尽可随意挑选。如果要我做个推荐，我自然要首推华夏出版社的"华夏行者——《畅游世界》"系列。这是一套为旅游爱好者量身定制的旅游指南书，通篇贯穿着一个宗旨，那就是让旅游者"畅"，食住行游购娱一路顺畅，惊喜快乐。书中对目的地的地理、气候、人文、区划、交通等作了详尽的介绍，还对当地的旅游热点、风味美食、平民餐馆、伴手好礼以及购物佳地等都进行了精选归纳和说明，最重要的还是本书精心设计的几天几夜游，它对于那些没时间计划或不会计划的忙人或懒人来说，很是管用，让您无需计划，拎起本书即可坦然上路。至于它是否具备优秀旅游指南的各项要素，诸如全面性、准确性、实用性、针对性、时效性、美观性等等，我便不再废话，说多了有"王婆卖瓜，自卖自夸"嫌疑，读者用过了，自然便有了答案。

仁者乐山，智者乐水。对于热爱生活的人们来说，旅游的步伐，从来都是风雨无阻，愿携带《畅游澳大利亚》出行的人们，畅来畅往，快乐安康。

华夏出版社社长、总编辑

LOOK!澳大利亚!

1 概况

澳大利亚发现于17世纪，是欧洲人首先发现的，其面积居世界第六。澳大利亚不仅国土辽阔，而且物产丰富，它是全球第四大农产品出口国，矿产出口量更是全球第一，可以说它是南半球经济最发达的国家。澳大利亚是一个典型的移民国家，拥有多元文化。多元文化为这个国家注入了活力，也让很多移居澳大利亚的人可以很快融入这里的生活、工作和学习；澳大利亚的生活大多是轻松而愉快的，这里的生活方式与西欧和北美相似。澳大利亚人热爱户外生活，因此其户外活动丰富多彩，比如与海豚畅游、参观企鹅天堂、骑骆驼漫步等，应有尽有，让游客流连忘返。另外，澳大利亚拥有很多特有的动植物和自然景观。在这里旅游、观光，有享受不尽的阳光、沙滩和海浪。

2 地理

澳大利亚是世界上最平坦、最干燥的大陆，它的地形很有特色，西部和中部有崎岖的多石地带、浩瀚的沙漠和葱郁的山峦，东部有连绵的高原。沿海处是狭窄的海滩缓坡，缓斜向西，渐成平原。

3 气候

澳大利亚地处南太平洋和印度洋之间，大部分国土属于干旱或半干旱地带，北部属热带，大部分属于温带气候，雨量充沛，气候湿润，四季分明；澳大利亚内陆是荒无人烟的沙漠，干旱少雨，气温高，温差大，很少有人居住。

4 区划

澳大利亚有六个州和两个地区。其中六个州分别是新南威尔士州、昆士兰州、南澳大利亚州、维多利亚州、西澳大利亚州和塔斯马尼亚州。两个地区是联邦政府直辖的北方地区和首都地区。

5 人口及国花

目前，澳大利亚人口2292万，其中，1/4的居民出生在澳大利亚以外。国花为金合欢。

6 历史

澳大利亚虽然是一个移民国家，但早在4万多年前，土著居民便生息繁衍于澳大利亚这块土地上，直到公元1770年，英国航海家库克船长发现了这里后，澳大利亚这片土地的宁静才被打破。1788年，英国殖民者在澳大利亚杰克逊港建立起第一个英国殖民区，这个地方后来人口不断增长而成为澳大利亚的第一大城市悉尼。1790年，第一批来自英国的自由民移居澳大利亚，以悉尼为中心，逐步向内陆发展。19世纪50年代，大批来自欧洲、美洲的淘金者蜂拥而至澳大利亚，其间发现了许多重要的金矿，不仅导致澳大利亚人口剧增，也让澳大利亚迅速致富和发展。

1900年，澳大利亚全部六个殖民区的居民举行了一人一票的全民公决，用投票决定是否把六个殖民区统一成一个联邦国家，投票结果是六个地方要统一，建立起一个单一的澳大利亚联邦。

1901年1月1日，六个殖民区统一成为联邦，澳大利亚联邦成立，同时通过第一部宪法，原来的六个殖民区遂成为联邦下属的六个州。虽然澳大利亚联邦政府成立了，但是由于其长期是英国的殖民地，依然受制于英国。直至1931年，英国议会通过《威斯敏斯特法案》，澳大利亚才获得内政外交独立自主权，成为一个独立的国家。

现在澳大利亚凭借着自身自然地理优势，其社会、经济、科技等迅速发展，成为高度发达的资本主义国家。

澳大利亚面孔！

NO.1 悉尼歌剧院

悉尼歌剧院是20世纪最具特色的建筑之一，也是世界著名的表演艺术中心，堪称澳大利亚的象征性标志，在世界上享有盛誉。悉尼歌剧院的外形犹如即将乘风出海的白色风帆，与周围景色相映成趣，美不胜收。悉尼歌剧院是一座文化艺术殿堂，每年举行的表演达3000场，有数百万人慕名前来观赏。悉尼歌剧院是悉尼的灵魂，因为它的存在，游人不论清晨还是黄昏，不论徒步缓行还是出海遨游，都能欣赏到悉尼形态各异的迷人风采。

NO.2 大堡礁

澳大利亚大堡礁是全世界最大的珊瑚礁区，那里是多种海洋生物的天堂，被称作"透明清澈的海洋野生王国"。这里的珊瑚礁石色彩鲜艳，形态各异，堪称碧波万顷的大海中最为美丽的花朵。大堡礁生活着众多海洋生物，既有成群结队的热带观赏鱼，也有凶猛威武的鲨鱼、巨大的海龟在水中慢慢游动，还有外壳坚硬的巨蛤，运气好的话还能看到身形巨大的座头鲸。来大堡礁的游人可以在水中畅游，或者在沙滩上享受日光浴。这一切都会令人难忘。

NO.3 黄金海岸

黄金海岸长约42公里，由十多个连续排列的优质沙滩组成，因沙滩呈金色而得名。这里日照充足，气候宜人，非常适合冲浪和滑水，现在成了澳大利亚著名的旅游度假区。

NO.5 圣玛丽大教堂

圣玛丽大教堂是澳大利亚最大的宗教建筑，被称为"澳大利亚天主教堂之母"。该教堂继承了欧洲中世纪大教堂的建筑遗风，采用哥特式建筑风格，看上去非常高大宏伟。

NO.6 考拉

考拉，也叫树袋熊，生活在澳大利亚，既是澳大利亚的国宝，又是澳大利亚奇特珍贵的原始树栖动物。它长相酷似小熊，性情温驯，体态憨厚，不管什么时候它都是一副无辜的表情，十分可爱，深受人们喜爱。

NO.4 袋鼠

袋鼠是澳大利亚的象征物，它是一种有袋类动物，主要分布在澳洲和南北美洲的草原上和丛林中。一些大袋鼠只有澳大利亚才有，澳大利亚的国徽上和钱币上都有袋鼠的形象，可见袋鼠在澳大利亚人心中的地位。

NO.7 鸸鹋

鸸鹋是澳大利亚国鸟，也是澳大利亚特产鸟类，其形体非常大，仅次于非洲鸵鸟，是世界第二大鸟类，因此它常被人们叫作澳洲鸵鸟。鸸鹋以擅长奔跑而著名，现在已被很多国家引入。

NO.9 矿产

澳大利亚素有"坐在矿车上的国家"之称，它是世界上最大的矿产品出口国。矿产业已经成了澳大利亚的支柱性产业，铝矾土、铁矿砂、铝、锌、铀、煤等藏量均居世界前列。

NO.8 原住民文化

原住民文化是澳大利亚文化中最重要的组成部分，这种文化很少受到外界的干扰，其在艺术、舞蹈、神话、音乐节目等方面，都有着独特的魅力。来到澳大利亚内陆可以参观那些深藏于洞穴中的岩画，也能在河边乘坐古老的独木舟体验渔民文化习俗。

NO.10 绵羊

澳大利亚素有"骑在羊背上的国家"之美誉，其国内羊只总数占全世界总数的1/6，羊肉以及羊毛制品，量大，质优，世界畅销。

畅游澳大利亚

推荐

① 签证及注意事项 ·············

在申请或者获得澳大利亚签证前，请特别注意以下重要事项：确保申请正确的签证类型、明确签证申请的具体要求、了解在澳大利亚期间的义务以及遵守签证条件的重要性等。

签证类别

符合申请资格的签证申请人，可选择申请下列新的五种签证类别中的一种，游客请特别关注"访客签证（600类别）"中的细则：

· 访客签证（600类别）
· 临时工作签证（短期停留活动）（400类别）
· 电子旅行许可（601类别）
· 医疗签证（602类别）
· 电子访客签证（651类别）

访客签证（600类别）

访客签证（600类别）允许签证持有人赴澳旅游、从事商务活动或探亲访友。访客签证可以一次或多次出入澳大利亚，每次停留不超过三个月、六个月或十二个月；

该类别签证持有人不能在澳大利亚工作，不能为澳大利亚企业或机构提供服务，也不能向澳大利亚公众售卖产品或提供服务。若申请人的赴澳目的为在澳从事短期工作，他们则应申请新设立的临时工作签证（短期停留活动）（400类别）。

该签证类别包括四个系列：

一、旅游系列：赴澳度假、休闲或探亲访友。若在澳大利亚境内申请该系列签证，在签证批准时，申请人应在澳大利亚境内。若在澳大利亚境外申请该系列签证，在签证批准时，申请人应在澳大利亚境外。

*学生团：不超过三个月的学生团可申请旅游系列签证。签证中心为学校组团赴澳专门设立了学生团签证申请程序。如果你参加或组织一个学生团到澳大利亚，请参考澳大利亚驻华大使馆网站提供的材料清单。请注意，领团的老师和工作人员应申请访客签证（600类别）中的商务访客系列签证。

二、商务访客系列：赴澳进行短期商务访问。这包括参加会议、进行商务谈判或会谈。在递交签证申请及签证批准时，申请人应在澳大利亚境外。

三、担保类家庭系列：赴澳探亲。申请人必须有担保人。担保人可能会被要求支付保证金。在递交签证申请及签证批准时，申请人应在澳大利亚境外。申请人在澳大利亚境内不能再申请其他签证。

四、被批准的旅游目的地签证系列：中国公民参团赴澳旅游。在递交签证申请及签证批准时，申请人应在澳大利亚境外。

临时工作签证（短期停留活动）（400类别）

临时工作签证（短期停留活动）（400类别）允许签证申请人在澳大利亚以临时停留为基础，进行下列活动：

· 从事短期、非持续性的、高度专业性的工作；
· 作为被邀请方参与某项活动。

申请人通常可在澳大利亚停留六周的时间。在递交签证申请及签证被批准时，申请人应在澳大利亚境外。

医疗签证（602类别）

医疗签证允许病患人员赴澳进行医学治疗或医疗咨询。

医疗签证（602类别）是一个临时签证。申请人在澳大利亚境内或境外均可递交签证申请。若在澳大利亚境内递交签证申请，在签证批准时申请人应在澳大利亚境内。允许申请人从事下列活动：

· 在澳大利亚接受医学治疗或医疗咨询；

- 进行器官捐赠；
- 协助在澳接受医学治疗的人员。

若以代孕母亲为目的接受医学治疗，申请人不能申请该签证。

该签证允许申请人：

- 在澳停留接受医学治疗；
- 在澳学习不超过三个月的时间，除非申请人未满18周岁，或申请人在澳期间个人情况发生了变化；
- 申请人持该签证前往澳大利亚：一次入境澳大利亚，直至其医疗计划完成；或在签证到期前，多次入境澳大利亚。

若申请人所持签证上有"不能预期滞留"条款，则申请人不能申请该签证。

若申请人欲申请新护照，请务必在申请签证前申请新护照。申请人在签证申请中提供的护照号码将与其签证相关联。申请人必须持该本护照赴澳。

❷ 首次赴澳大利亚旅游签证 ● ● ● ●

注意事项

提供电子邮件与您联系；

除护照原件外，不要递交任何文件的原件；

保留一份您护照首页的复印件，以备健康检查时使用；

中文文件请附英文翻译件（资金证明无需英文翻译）。如果您提供公证文件，请附公证处的翻译件；

将核对表填写完整后，放在您的签证申请首页。

申请表格及申请费用

用英文填写1419CHS表www.immi.gov.au/allforms/foreign/1419chs.pdf，用英文和中文填写54表（家庭成员表）www.immi.gov.au/allforms/pdf/54.pdf。

旅游签证费用790元，加每个申请180元人民币服务费，及50元人民币每本护照回邮快递费。

个人资料

本人的护照或旧护照原件；

护照首页复印件2份、签字页和所有出入境章页面复印件1份；

近期2寸护照规格照片2张；

户口薄整本复印件及本人身份证复印件。

资金证明

- 证明申请人存款历史或工资收入的银行存折复印件；
- 近期银行账户交易明细或工资单复印件；
- 信用卡明细和信用额度证明；

- 退休工资卡复印件（如能提供）；
- 其他财产的证明材料。

工作证明和在读证明

如申请人有工作，请提供一封工作证明信，说明其职位、月薪、工作年限、准假许可以及签发该证明信的人的姓名和联系方式。

如申请人是公司所有人，请提供公司营业执照的复印件。

如申请人是在读学生，请提供在读证明。

赴澳探亲访友

如申请人赴澳探亲访友，且申请人为首次赴澳，请提供以下材料：

- 邀请人的姓名和联系方式；
- 邀请人的澳大利亚护照或澳大利亚签证的复印件。

若在澳大利亚的亲属或朋友将为申请人赴澳提供经济资助，除需提供上述申请人本人的经济证明材料外，还需提供以下证明材料：

- 申请人的亲属或朋友出具的邀请信，表明其愿为申请人赴澳提供帮助；
- 证明他们有能力在申请人赴澳期间向申请人提供帮助的相关材料。

未满 18 周岁的孩子

请提供下列材料证明孩子和其父母的关系：

- 孩子的出生证明复印件，上面应显示孩子和父母双方的姓名；
- 父母的结婚证复印件（如能提供）。

提醒：如果上述证明文件的信息不完整或不一致，申请人可能被要求提供其他官方文件。

如孩子的父母或监护人中的一方或双方不与孩子同行，请提供：

- 不同行者父/母的身份证复印件；
- 填写 1229表格——为未满 18 岁的孩子签发澳大利亚签证同意书（如下）或不同行父/母的书面签名授权：www.immi.gov.au/allforms/pdf/1229.pdf。

如果孩子在澳大利亚期间由父母、法定监护人或亲属以外的其他人照顾，此人需签署一份提供帮助声明。参阅1257表格——担保声明：www.immi.gov.au/allforms/pdf/1257.pdf。

❸ 澳大利亚旅行生活常识 ······

夏令时

实行夏令时期间，澳大利亚大多数州将时间往前拨1小时。新南威尔士、澳大利亚首都领地、维多利亚和南澳大利亚从10月底到次年4月初采用夏令时。在塔斯马尼亚，夏令时从10月初开始，到次年4月初结束。在西澳大利亚，夏令时从10月底开始持续到次年3月底。北领地和昆士兰不设夏令时。

货币

澳大利亚的货币是澳元（AUD）。货币可在银行、酒店和国际机场兑换。最普遍接受的信用卡有美国运通卡、大莱卡、万事达卡、Visa卡、银联卡、JCB卡及其附属机构的信用卡。

购物

在澳大利亚各地都有大型百货商店、购物街、购物中心、礼品和纪念品商店。营业时间全国各异，但旅游区和市区的商店通常营业到下午6点，有些州逢周四或周五营业到晚上9点。另外如果您需要在澳大利亚购买营养补充品，要先检查商标是否包含后面跟有数字的字母"AUST R"或"AUST L"，这表明该产品已获得批准在澳大利亚销售。

小费和议价

酒店和餐馆不会在你的帐单上加上服务费。在高档餐馆，通常会因优质服务而给侍者相当于帐单10%的小费。但是，是否给小费始终由您决定。在澳大利亚一般不讨价还价。

紧急援助

求助警察、救护车和消防的紧急电话号码是000。

冲浪和水上安全

从10月到次年4月，澳大利亚最受欢迎的海滩通常都有义务救生员巡逻，并用红色和黄色旗子标出最安全的游泳区域。

在澳大利亚，鲨鱼袭击事件频发，而且可能会致命。澳大利亚海滩外的鲨鱼网可以防止鲨鱼进入游泳区，但是您还是应该选择在有人巡逻的海滩标示旗帜之间的区域游泳，而且应该避免独自在黄昏或夜间于离岸很远处、在河口或沿着水深急剧加大的地方游泳。

鳄鱼生活在澳大利亚北部的河流中和海岸的河流出海口，经常通过河流改变栖息地。在鳄鱼栖息地附近旅游时，请注意安全标志，不要在河流、出海口、潮汐河流、深水潭或红树林岸边游泳。在露营、钓鱼或驾船之

前，一定要征求专家的建议。

语言

澳大利亚的官方语言为英语。但是，作为一个拥有大量移民的多元文化国家，它还有非常丰富多样化的语言和文化。

电源插座

澳大利亚采用的电源是220—240伏特、50赫兹的交流电。澳大利亚常用三孔插座，出发前最好带转换插头。

通讯

澳大利亚的国家代码是61。使用公用电话拨打本地电话不计时，每次收费0.5澳元。手机通讯、长途电话及越洋电话通常计时。移动电话网络覆盖整个澳大利亚，但在一些偏远地区信号会差些。

邮政服务

邮局通常周一至周五9:00—17:00营业，部分城市的邮局周六上午也营业。

无障碍旅游

如果身患残疾而又想游历澳大利亚，这里有大量服务和优惠方便您的需求。游客可与旅行代理商谈具体要求。了解有关澳大利亚无障碍旅游的更多信息，请访问http://nican.com.au/或http://www.australiaforall.com/网站。

偏远地区旅游

驾车穿过澳大利亚偏远崎岖的地区需要充分的准备。在开始驾四驱越野车或到内陆旅行之前，请确保自己的车辆车况良好，并配有卫星导航以及两个备胎。您还需要完善的地图、额外的食物、水和燃料，以及一个应急预案。仔细规划路途，并通知第三方您预期到达的时间。在踏上旅途前核实路况；如果车辆抛锚，不要弃车离开；避免在极端炎热的条件下旅行。如果驾驶普通车辆穿过偏远地区，在未铺沥青、尘土很大或狭窄的道路上应缓慢行驶，而且在驶离主要道路之前一定要核实路况。偏远地区的手机信号覆盖范围有限，因此请向手机服务提供商核实覆盖范围。

荒野旅行

在计划丛林健行或徒步时，应核实步行的距离和难易程度；对于长途或具有挑战性的步行路段，应考虑使用本地向导。如果没有向导，或独自步行，应告诉别人您的目的地以及预期返回时间。记得穿防护鞋，戴帽子，涂防晒霜，使用驱虫剂，携带雨具、地形图和大量的水。步行时，应看地图和标志，待在路径上，不要越过安全障碍，远离悬崖边缘。不要喂食或逗弄本地动物，以免被抓伤或咬到。应仔细计划夏季的步行，避免

在强烈日晒下进行具有挑战性的徒步。

森林火灾常识

澳大利亚人的生活中一直有森林大火的危机意识。春季末到夏季是危险期，在这段时间内，应遵守一些简单的预防措施。在开始旅途之前，通过电视、收音机和报纸报道了解森林大火的风险。在野外露营时，使用指定的生火地点，并遵守路上的警告标志和全面禁火命令。如果必须生火，结束时就必须用水把火彻底熄灭。

退税计划

游客退税计划 Tourist Refund Scheme（简称TRS），使澳大利亚和海外游客对在澳大利亚购买并且作为随身行李携带的商品申请退税，如商品和服务税Goods and Services Tax（简称 GST）和葡萄酒税Wine Equalisation Tax（简称WET）。根据TRS规定，在职航空和航海人员没有资格申请退税。

退税条件

根据TRS，您必须达到以下条件，才能符合退税资格：

1.在一个零售商处消费最少$300（含GST）；2.向零售商索取一张总计$300或以上（含GST）的有效税务发票；3.在离开澳大利亚前的30天内购买商品；4.作为手提行李带着商品，除非这些商品尺寸过大或者航空公司要求托运。注：对于"尺寸过大"的商品（如高尔夫球棒或冲浪板）或者由于航空安全措施无法作为手提行李带上飞机的商品(如香水和葡萄酒) 适用特殊条件。请联系海关及边境保护部了解详情。

海关及边境保护部有权察看所有商品。如果您无法按照要求向海关及边境保护部出示商品或者海关及边境保护部在您离开澳大利亚时已察看商品的证据，您的申请将被拒绝。

办理手续时间

在机场，在飞机预定离开前30分钟内停止处理申请。

在海港可在离开前4小时内进行申请。在轮船预定离开前60分钟内海关及边境保护部停止处理申请。

如何申请退税

离开当天，您必须：

1.在TRS办事处向海关及边境保护部官员出示以下物品：

· 护照

· 国际登机牌

· 有效税务发票原件和

· 商品（如果商品尺寸过大或者航空安全措施禁止您将商品作为手提行李带上飞机或轮船，请联系海关及边境保护部了解详情）

2. 选择一种退税付款方式：

· 信用卡/借记卡【Amex, Diners, JCB, MasterCard, Visa,China Union Pay (CUP) credit cards】

· 澳大利亚银行账户(对于此方式，您需要BSB和账号)

· 支票 (支票可以使用不同货币支付)

海关及边境保护部将在5个工作日内处理信用卡/借记卡和澳大利亚银行账户退税，在15个工作日内处理邮寄支票。

❹ 中国驻澳大利亚大使馆信息 ·······

中华人民共和国驻澳大利亚大使馆

地　址：15 Coronation Drive, Yarralumla, ACT 2600, Australia

电　话：0061-2-62734780

传　真：0061-2-62735848

中华人民共和国驻悉尼总领事馆

地　址：39 Dunblane Street, Camperdown NSW 2050, Australia

电　话：0061-2-85958002

传　真：0061-2-85958001

领事保护与协助：0061-2-85958029，0061-413647168(限非工作时间，遇危及安全的紧急情况)

中华人民共和国驻墨尔本总领事馆

地　址：75-77 Irving Road, Toorak VIC 3142, Australia

电　话：0061-3-98220604

传　真：0061-3-98246340

领事保护与协助：0061-417114584、0061-408030426

中华人民共和国驻珀斯总领事馆

地　址：45 Brown Street, East Perth, WA 6004, Australia

电　话：0061-8-92220333

传　真：0061-8-92216144

领事保护与协助：0061-8-92220302、0061-416132339

中华人民共和国驻布里斯班总领事馆

地　址：Level 9, 79 Adelaide St., Brisbane QLD 4000, Australia

电　话：0061-7-32106509

传　真：0061-7-32106517

领事保护与协助：0061-406318178、0061-7-32106509 *200

GO!澳大利亚交通!

❶ 飞机

乘飞机是去澳大利亚观光旅游最便捷的交通方式，目前我国的北京、广州、上海、澳门、香港、台湾、深圳都有航班飞往澳大利亚。游客可以首先飞往澳大利亚悉尼国际机场，悉尼国际机场是全澳洲最大的国际机场，从那里可以转乘火车或者长途汽车去澳大利亚其他地区。

澳大利亚主要四家大的航空公司，分别是Qantas、Virgin Blue、Jetstar以及Regional Express(REX)，能够为游客提供便捷、安全、可靠的优质服务。

Qantas电话：131313，网址：www.qantas.com.au

Virgin Blue电话：136789，网址：www.virginblue.com.au

Jetstar电话：131538，网址：www.jetstar.com.au

Regional Express(REX)电话：131713，网址：www.rex.com.au

❷ 铁路

澳大利亚铁路网不仅规模很大，而且设计合理，十分完善，火车连接着各主要城市，在澳大利亚境内乘火车非常方便。

拨打132232可预定澳大利亚各地的火车票，提前预定还能买到打折火车票。澳大利亚还有多种火车通票。大南部的火车通票票价690澳元（优惠通票590澳元），可在6个月内无限次乘坐火车，持有效护照在火车站购买，需提前一天预定座位。大南部铁路公司电话：132147，网址：www.gsr.com.au。东岸连接通票为470澳元，6个月内中途不限停留次数。背包客火车通票可在整个Countrylink网络中用，共四种：14天235澳元，1个月275澳元，3个月300澳元，6个月420澳元。咨询电话：132232，网址：www.countrylink.info。此外还有大陆连接通票，允许乘坐南威尔士州、

首都领地、昆士兰州和维多利亚州内的城镇火车。

③ 公路 ∙∙∙∙∙∙∙∙∙∙∙∙∙∙∙∙∙∙∙∙∙∙∙∙∙∙∙

　　由于澳大利亚地广人稀，公路交通设施在社会经济基础设施中占有重要地位。目前澳大利亚已经建成了发达的公路网，各州首府间有高速公路相通，且绝大多数高速公路是免费的。

④ 出租车 ∙∙∙∙∙∙∙∙∙∙∙∙∙∙∙∙∙∙∙∙∙∙∙∙∙∙∙

　　悉尼出租车起步价是3.5澳元，然后每公里2.19澳元，等候时间每分钟95澳分。夜间22:00一次日6:00乘坐，要加收20%费用。另外，乘客要自己支付过路费、过桥费等。如果携带行李过多需要司机帮忙搬运还需要额外支付小费。悉尼出租车在街上不容易打到，游客需要在市区内各处标有TAXI STAND的出租车等候处排队搭乘。

　　需要提前预定出租车的乘客可以联系以下出租车公司：

　　❶Legion Cabs
　　预约电话: 131 451
　　网址: www.legioncabs.com.au

　　❷Premier Cabs – Airport Taxi Service
　　预约电话: 131 017
　　网址: www.airporttaxi.com.au

　　❸RSL Ex-Servicesmen's Cabs & Co-Op
　　　Members Ltd.
　　预约电话: +61 2 9581 1111

　　❹Silver Service Fleet
　　预约电话: 133 100
　　网址: www.silverservice.com.au

　　❺St George Cabs
　　预约电话: 132 166
　　网址: www.stgeorgecabs.com.au

　　❻Taxis Combined Services
　　预约电话: 133 300

网址: www.taxiscombined.com.au

⑤ 公共汽车 ∙∙∙∙∙∙∙∙∙∙∙∙∙∙∙∙∙∙∙∙∙∙∙∙∙

　　悉尼公共汽车线路四通八达，而且车况良好，既方便又舒适。悉尼有专为观光游客设计的红、蓝线路观光巴士，其中红线路的悉尼观光巴士运营时间为8:40～17:20，游人可乘坐游览悉尼歌剧院、皇家植物园、麦考利夫人之角、岩石区、达令海港等数十个景点。蓝线路观光巴士运营时间为8:40～16:15，游人可乘坐游览从海港的海岸线一直到悉尼富裕的东部市郊、屈臣湾及邦迪海滩等景点。游人乘红、蓝线路观光巴士可游遍悉尼。

速报！10大人气好玩旅游热地！

NO.1 大堡礁

大堡礁被评为世界七大自然景观之一，素有"透明清澈的海洋野生王国"之誉。而且它是世界上最大、最长的珊瑚礁区，拥有2000多个大大小小的珊瑚礁岛。风平浪静时，游船从珊瑚礁和海岸间通过，船下色彩斑斓、形态各异的珊瑚景色非常迷人。此外，这里还生活着上千种鱼类和软体动物，使大堡礁充满生机和活力。

NO.2 达令港

达令港，也叫情人港，被誉为"悉尼的一颗璀璨明珠"，这里是悉尼最具特色的旅游和购物中心，也是举行重大会议和庆典的场所。达令港还有一批各具特色的建筑，如奥林匹克运动会展示中心、悉尼娱乐中心、悉尼水族馆、国家海事博物馆等都位于这里。此外，这里还有众多的酒吧、咖啡馆，因此无论观光旅游，还是休闲娱乐，或是逛街购物，达令港都是理想的选择。

NO.3 邦迪海滩

邦迪海滩是澳大利亚最著名最古老的冲浪运动中心，也是一处完美的休闲度假胜地。在这里经常能够看到各种冲浪活动、运动员的绝技表演、街头艺人在岸上的吹拉弹唱，以及充满特色的民俗活动和艺术展览活动等。游客融入其中，其乐无穷。

NO.4 蓝山国家公园

　　蓝山国家公园是澳大利亚景色最美的国家公园，园内拥有大面积的原始丛林和亚热带雨林，一年四季风景如画。由于这里特殊的地理环境和气候条件，加之火山爆发和长年风雨侵蚀，形成了很多奇形怪状的岩石和山峰，让人充满遐想。置身公园，犹如步入人间仙境，让人流连忘返。

NO.5 南天寺

　　南天寺是南半球规模最大的中式佛教寺庙，建于1995年，尽管没有悠久的历史，但是极富历史文化色彩。南天寺将传统和现代结合了起来，不仅有大殿、禅堂、法堂、藏经楼、斋堂等传统建筑，还有大型国际会议厅、讲堂办公室、佛教文物陈列馆、图书馆等现代化建筑。来到寺内，让人似乎有一种穿越的感觉。

NO.6 冲浪者天堂

　　冲浪者天堂海滩位于黄金海岸的中心地带，是世界闻名的冲浪胜地。这里拥有美丽的金色沙滩和清澈的海水，每年都有很多

世界级大型冲浪赛事在这里举行，吸引了无数冲浪爱好者前来体验冲浪的乐趣。

NO.7 悉尼歌剧院

悉尼歌剧院是悉尼最具代表性的建筑。这座歌剧院于1973年开幕，其宛如乘风出海的风帆一般的屋顶，用了100多块瑞典陶瓦铺设而成，即使是在海风的侵蚀之下也能保持数百年不坏。而悉尼歌剧院内部则更是设施先进，这里主要分音乐厅和歌剧院两部分，其中音乐厅是悉尼歌剧院中最大的部分，可以在这里进行各种音乐表演和演唱会，正中那座由1万多根风管组成的管风琴更是这里的特色。歌剧院规模则相对较小，可以容纳1500多人，经常进行各种歌剧舞剧的表演。

NO.8 波浪岩

波浪岩被称为世界第八大奇观，高15米，长约110米，因形如一片席卷而来的波涛巨浪而得名，被看作西澳大利亚的著名地标，吸引了无数游客前来参观。现在波浪岩声名远播，成了众多摄影爱好者最佳的取景地之一。

NO.9 悉尼野生动物世界

悉尼野生动物世界是世界上最大的室内野生动物园，野生动物总数超过6000只，公园分为彩蝶飞舞、澳洲宝贝、袋鼠悬崖、热带雨林、爬行异族、骄阳似火、无脊天下、峡谷飞行、午夜密踪等9个主题展区，通过高科技的声光技术还原了动物生活的环境，让游客仿佛置身于真实的野外环境中。

NO.10 悉尼塔

悉尼塔是悉尼中心商务区中的最高建筑，高305米，与悉尼歌剧院、悉尼港大桥一起被称为悉尼三大地标性建筑。悉尼塔呈管状，是由46根长5米、直径7米、重32吨的管子组合而成。塔顶的塔楼是一座9层的圆锥体建筑，内设有旋转餐厅和瞭望台，游客在这里可以一边品尝美食，一边全方位欣赏悉尼市的美景。

速报!10大无料主题迷人之选!

NO.1 麦考利夫人之角

麦考利夫人之角是为了纪念澳大利亚第四任总督麦考利的夫人而建的由巨石雕琢而成的座椅。这件艺术品不仅工艺精湛,而且内涵丰富,让人惊叹不已。另外,在这里还可以同时欣赏悉尼港大桥和悉尼歌剧院。

畅游澳大利亚 推荐

NO.2 悉尼港大桥

悉尼港大桥建成于1932年,被称为悉尼的象征,经常出现在明信片上。大桥跨度为503米,全长1149米,宽49米,号称世界最大的单孔钢拱桥。夜晚是悉尼港大桥最美丽的时候,桥上的点点灯火倒映在波平如镜的海湾上,美不胜收。此外,攀爬悉尼港大桥成为最受欢迎的旅游项目,许多人来到悉尼都会体验一番。

NO.3 牛津街

来到悉尼,不论逛街购物,还是休闲娱乐,牛津街都是不错的选择。牛津街汇集了著名的帕丁顿集市以及众多时尚新潮的商店,而且商品种类繁多,从书籍、古董到名家设计的服装、各式纪念品,一应俱全。同时,这里也是悉尼夜生活的焦点,因为拥有很多咖啡厅、餐厅和夜总会而闻名于整个澳大利亚,堪称购物娱乐休闲一条街。

NO.5 雅痞街

雅痞街是墨尔本最具时尚气息的繁华街区，可以说引领了墨尔本的时尚潮流，这里汇集了各种世界知名的时尚大牌，例如Collette Dinnigan、Alannah Hill等。还有很多家居饰品店、古董店、艺廊等，每一家店铺都有自己的特色。许多来墨尔本的游客都喜欢到雅痞街逛一逛。

NO.4 联邦广场

联邦广场是墨尔本最大的城市广场，它集艺术、活动、娱乐、休闲、观光等各种功能于一身，被认为是21世纪墨尔本的新象征。广场上最引人注目的建筑是由德国宝马汽车公司投资兴建的BMW Edge，整个建筑是一个不规则的几何体，能够让人产生无限遐想。

NO.6 布里斯班河

布里斯班河被人们称为布里斯班的母亲河，碧波荡漾的河流犹如一条明亮的缎带，飘过城市，为城市增添了几分亮丽的色彩。布里斯班河畔风景如画，在这里漫步能够看到很多城市景观。布里斯班河上还有众多有名的桥梁，包括乔治爵士桥、伊丽莎白大桥、库克船长大桥、机场大桥等。

NO.7 圣海伦斯

圣海伦斯是一个风景秀丽的渔港小镇，小镇上有一座圣海伦斯历史展厅，向游客展示了这里的历史发展。这里还有美丽的滨纳隆湾海滩，游客可以在洁白细腻的沙滩上晒日光浴、散步、慢跑，进行各种沙滩娱乐项目，还可以游泳、冲浪，在湛蓝的海水中畅游，乐不思归。

NO.9 库兰达

库兰达是藏于热带雨林中的一个小镇。这里风景非常优美，成长百年的参天大树、飞流直下的瀑布、潺潺流水的小溪，以及道路两旁散发着清香的各种野花，使这里犹如一片与世隔绝的世外桃源。置身其中，仿佛走进了一个童话般的世界，因此人们还送给它一个雅称"童话之地"。

NO.8 滨海大道

滨海大道是凯恩斯最为热闹的街道，道路沿着美丽的三一湾延伸。靠海的一侧是一个公园，在公园中散步可以欣赏由阳光、沙滩、大海所构成的滨海美景。滨海大道的另一侧是一个商业区，有各种特色工艺品商店、美味的餐厅等，游客可以在这里度过一段悠闲自在的时光。

NO.10 圆屋

圆屋建成于1831年，是西澳大利亚地区最古老的公共建筑物，圆屋外形呈圆形，全部是由石灰石建造而成，非常牢固。由于圆屋地势较高，因此游人可以居高临下地欣赏周围诸多美景。

美食!10大人气魅力平民餐馆!

1 餐馆 Claude's

　　Claude's位于悉尼的牛津街,它是一家人气十足的餐厅。这家餐厅与众不同的地方在于只提供晚餐。鲑鱼卵泡芙、熏鲑鱼汤、炸生蚝与茄子丸子、炸饺子佐杏仁、鳕鱼烧卖、酱汁蜇虾、酱汁鸭腿等,都是这里的美味佳肴。

2 餐馆 金唐海鲜酒家

　　金唐海鲜酒家坐落于悉尼唐人街,是悉尼最有名的海鲜餐厅之一。这里最受欢迎的就是招牌菜皇帝蟹。普通大众喜爱光顾金唐海鲜酒家,很多影视明星、政要名人也曾在这里用过餐,美国前总统布什就是其中之一,他在品尝过这里的海鲜后赞不绝口。

3 餐馆 酒窖餐厅

　　酒窖餐厅多次被评为澳大利亚最佳当代餐厅,餐厅环境舒适温馨,让人感到非常惬意。当然最吸引食客的还是这里的菜肴,配上猎人谷产的葡萄酒,更加丰盛美味。餐厅经常座无虚席,生意十分红火。

4 餐馆 磨坊餐厅

　　磨坊餐厅是一家汇集了世界各地风味的美食餐厅。这里种类最丰富的就是比萨，包括传统的意大利风味比萨、印度风味的坦都里羊肉比萨、墨西哥风味的龙舌兰比萨、北京烤鸭风味的比萨、地中海素食比萨，顾客可以随意选择，尽情品尝。

5 餐馆 罗伯特餐厅

　　罗伯特餐厅是一家环境非常幽雅的美味餐厅，餐厅主厨精心挑选新鲜的生蚝、干贝、羊排、野兔、鹌鹑、野鸭等食材，做出的每一道美味料理都让食客回味无穷。

6 餐馆 公鸡餐厅

　　公鸡餐厅是澳大利亚老字号美味餐厅，主要以经营法式料理为主。这里的招牌菜是美味的柳橙烤鸭，至今已有三十多年历史，鸭肉鲜嫩多汁，搭配上用Cointreau甜酒熬成的酱汁，更具诱惑力，吸引了不少回头客。

7 餐馆 Grossi Florentino

　　Grossi Florentino是墨尔本最著名的意大利风味餐厅之一，已有一百多年历史，在整个澳大利亚都很有名气。这里的料理都非常美味，曾多次获得各种美食评比的奖项。另外，餐厅内部装饰精美、典雅，充满了豪华的贵族风情，获得了顾客的一致好评。

8 Taxi Dining Room
餐馆

Taxi Dining Room位于联邦广场上，这里的菜肴风味独特，而且每道菜的造型都很别致，像一件件艺术品，用料虽然很简单，却美味十足。餐厅内部装饰采用未来派的设计，明快利落，让人一走进就感到很温馨，从而迅速放松心情。

9 Red Ochre Grill
餐馆

Red Ochre Grill是凯恩斯最好的餐厅之一，生意火爆，人气旺盛。主要供应当地的特色野味，包括新鲜的昆士兰牛肉、袋鼠肉、鳄鱼肉等，而且做法独特，每一道菜都有精致的造型，加之好听的名字，吸引了众多美食家光顾。

10 电车餐厅
餐馆

电车餐厅是一家十分有意思的餐厅，设在行驶的电车内，电车是典型的英国殖民地式，车上是典雅的欧式风格。电车平稳地运行在墨尔本的各个街道，顾客可以一边用餐，一边欣赏墨尔本市的美景。

带回家!特色伴手好礼!

1 澳宝
纪念品

澳宝,即澳洲宝石,它是世界上最美的宝石,因其主产地为澳大利亚,所以多称为"澳宝"。这种宝石绚丽多彩,集各种宝石的色彩于一身,非常名贵,而且每一颗都与众不同,具有极高的收藏价值。

2 羊毛制品
纪念品

澳大利亚被称作"骑在羊背上的国家",国内绵羊数量占世界总数的1/6还多。这里的羊毛制品不仅工艺精湛,而且品种丰富,如羊毛被、羊毛褥、羊绒衫等,都十分有名。

3 工艺模型
纪念品

在澳大利亚买一些具有纪念意义的工艺模型是不错的选择,比如木制或金属制的悉尼歌剧院模型,就非常精致美观。另外,还有袋鼠、树袋熊和鸸鹋的模型也是较佳的旅游纪念品。

畅游澳大利亚 : 推荐

4 土著手工艺品

澳大利亚的手工艺业十分发达，以土著的手工艺品最为珍贵。土著居民制作的特色工艺品较多，诸如树皮画、布画、木雕等，都是上好的特色纪念品，在澳大利亚的一些工艺品专卖店就可以买到。

5 保健品

纪念品

澳大利亚特殊的地理位置和天然的自然条件，使这里的蜂业、水产、畜牧业变得十分发达，因而各种天然无污染的保健品十分丰富，如深海鱼油、鲨鱼软骨粉、深海鲛鱼油等，疗效甚佳。

7 绵羊油

纪念品

绵羊油是澳大利亚一种非常有名的护肤产品，它具有保湿、防皱美白、滋养皮肤、防止皮肤干燥老化等功效，深受游客青睐。

6 葡萄酒

纪念品

澳大利亚地理位置优越，适合葡萄种植和生长，因此葡萄酒业十分发达。目前有十大葡萄酒产区，以猎人谷出产的葡萄酒最为著名，猎人谷产的葡萄酒自然浓郁，并且酒的口味柔和，果香丰富，口感清新。

8 纪念品 澳洲玉

澳洲玉又称南洋玉，因产于澳大利亚而得名。其质地细腻均匀，颜色匀称单一，半透明。因含氧化镍而呈苹果绿或粉绿色，颇得人们喜爱。

9 纪念品 澳洲坚果

澳大利亚坚果有"干果皇后""世界坚果之王"的美称，果仁香酥滑嫩可口，并且有独特的奶油香味。澳洲坚果营养丰富，不仅含有人体必需的8种氨基酸，还富含矿物质和维生素。

10 纪念品 澳洲编织品

澳大利亚的编织品已经拥有上千年的历史了，世代相传，编织品仍然保留着传统的设计理念，具有一种独特的韵味。常见的编织工艺品有原始绳子、小提篮和羽毛制品等，这些编织品十分精美，极富特色，值得购买。

热地！购物瞎拼买平货10大潮流地！

1 热地 毕特街购物中心

毕特街购物中心不仅在悉尼知名度很高，在世界上也享有盛誉，它与纽约第五大道、巴黎香榭丽舍大街、香港铜锣湾、伦敦牛津街并称为全球五大顶尖名牌"朝圣地"。这里的店铺之华丽、商品之名贵、人气之旺盛在澳大利亚国内名列前茅。无论你的眼光多么挑剔，品位多么独到，在这里总能购买到自己喜爱的商品。

2 热地 牛津街

牛津街被誉为悉尼最"别具风格"的街道，这里拥有不少精美别致的小店，包括名牌时装、前卫设计、二手服饰、手工艺品、古董以及艺术画廊。所有商品不仅时尚，而且物美价廉，所以很多人选择来这里逛街购物。

3 热地 维多利亚女王市场

维多利亚女王市场是澳大利亚最大的购物中心，也是澳洲规模最大的露天市场，其历史也比较悠久。这里有数千个摊位，商品从蔬菜水果到日用百货，从服装饰品到电子产品，应有尽有。

4 布朗史维克街
热地

　　布朗史维克街是一条极有特色的街道，它的特色主要体现在这里售卖的商品上。街道两边随处可见各种充满特色的小商铺，新奇古怪的工艺品、小众的图书、二手的服装、复古的饰品和家具等琳琅满目，让人应接不暇。

5 雅痞街
热地

　　雅痞街是一条繁华的商业街，可以说这里的一切商品都引领着墨尔本的时尚潮流。这里汇集了各种世界知名的时尚大牌，无论你走进哪一家专卖店，里面的商品都会让你大开眼界。

6 皇后街购物中心
热地

　　布里斯班皇后街购物中心，全长不过500米，却汇集了500多家各种专卖店和众多餐馆、饭店，游客在这里不仅可以购买到各大国际知名品牌商品，还能淘到物美价廉的当地特色纪念品。

畅游澳大利亚 推荐

7 帕丁顿集市
热地

悉尼帕丁顿集市是一个周末集市，它将新纪元与乡郊雅致合二为一，营造出一种前卫的购物环境。这里经营的商品包括水晶、民族银器、植物鲜花、服饰箱包等。每到周末和节假日，帕丁顿集市人来人往，极为热闹。

8 **Marina Mirage购物中心**

热地

Marina Mirage购物中心是黄金海岸一座综合性的大型购物场所。这里拥有很多国际知名品牌的店铺,商品包括各种服装配饰、纪念品、家具、古董等。此外,购物中心设计独特,有各种雕塑、水池和高大的热带树木的点缀,购物环境十分幽雅。

畅游澳大利亚 推荐

9 **弗里曼特尔市场**

热地

弗里曼特尔市场拥有上百年的历史,市场内有数百个摊位,商品种类繁多,包括各种精美的手工艺品、时尚服饰、珠宝首饰、日用百货、土特产品等,不仅方便了当地居民的日常生活,也是世界各地游客的购物天堂。

10 **海港城直销中心**

热地

海港城直销中心是黄金海岸最大的购物中心,这里拥有众多售卖各种流行服装、衣服配饰、运动用品、家居用品、餐具等商品的专卖店,而且大都是折扣店,价格便宜,商品质量也不错。

超IN!7天6夜计划书!

☀ DAY 1

悉尼歌剧院＋悉尼塔＋悉尼港大桥＋达令港＋南天寺

悉尼歌剧院建成于1973年，是悉尼市最具代表性的建筑，也是世界著名的表演艺术中心。这座建筑非常有特色，其特有的帆船造型，与周围景物相映成趣，美不胜收。每年这里都举行上千场精彩的文艺演出，吸引了无数游客前来观赏。

悉尼港大桥号称世界第一单孔钢拱桥，是连接港口南北两岸的重要桥梁，夜晚它像一道横贯海湾的长虹，十分迷人。现在悉尼港大桥已经成了悉尼的象征。

悉尼塔高305米，是澳大利亚第二高建筑，也是南半球第二高参观平台，为悉尼三大地标性建筑之一。悉尼塔是一座金黄色的多功能建筑物，塔内设有瞭望台和旋转餐厅，不但可以欣赏美景，还可以品尝美味。另外，悉尼塔还设有许多惊险刺激的娱乐活动，十分受游客欢迎。

达令港曾是一个荒芜破败的死水港，后来作为澳大利亚最大的城市复兴计划被改建为旅游景点，被誉为"悉尼的一颗璀璨明珠"。今天这里不仅有港口码头，

还有绿地、流水以及各种建筑群，让人赏心悦目。

南天寺是南半球规模最大的中式佛教寺庙，这座寺庙建于20世纪90年代，汇集了东西方文化的精华，将传统和现代结合起来，非常宏伟壮观。

☽ NIGHT 1

牛津街

牛津街是悉尼最为繁华的一个街区，白天热闹繁华，晚上更是迷人，是悉尼夜生活的焦点。因为拥有很多有特色的咖啡厅、餐厅和夜总会，游客夜晚来这里休闲、娱乐，一定会留下美好的回忆。

☀ DAY 2

悉尼渔市场＋悉尼水族馆＋澳大利亚博物馆＋邦迪海滩

悉尼渔市场开业于1989年，是澳大利亚乃至南半球最大的水产品集贸市场，同时也是仅次于日本筑地市场的全世界第二大水产品交易市场。悉尼水族馆建于达令港下方，游人可以在这里观看各种各样色彩缤纷艳丽的海洋生物。建于1827年的澳大利亚博物馆由原住民区和原产鸟类、昆虫、哺乳类，以及一个关于宝石和矿物的教育性展示区组成，游人在这里可以了解和澳大利亚有关的各种自然历史文化知识。邦迪海滩是澳大利亚最著名、历史最悠久的冲浪胜地，游人在这里不仅可以冲浪和享受阳光沙滩，还可以在岸边的餐厅、咖啡厅内度过悠闲假日。

☽ NIGHT 2

港湾购物中心

港湾购物中心是悉尼唯一一座营业到21点的大型购物中心，除了超过200家大小商铺外，游人还可以在这里品尝来自世界各地的美味饮食。

☀ DAY 3

清晨　悉尼到堪培拉

悉尼到堪培拉距离约280公里，自驾车或乘大巴约需3.5小时。前往堪培拉的飞机机票价格通常为60~200澳元，飞行时间约30分钟，航班较多，几乎每小时一班。

堪培拉机场到市区有机场快线巴士，平均1小时一班，成人票单程10澳元。也可乘出租车抵达市区。

国会大厦＋战争纪念馆＋伯利格里芬湖＋国家水族馆

国会大厦是澳大利亚首都堪培拉的标志性建筑，也是世界上最著名的建筑之一。国会大厦最引人注目的是大厦顶上那根81米高、220吨重的巨型旗杆。登上国会大厦顶层还能一览堪培拉这座城市的风貌。

堪培拉战争纪念馆在国际上享有很高的知名度，它是为了纪念在"二战"中阵亡的澳大利亚战士而精心建造的。在馆内参观一番，不但能够了解"二战"的历史，还能了解澳大利亚这个国家的战争史。

来到堪培拉，如果不去伯利格里芬湖，不看喷射式喷泉，就不能说到过堪培拉。伯利格里芬湖是一个人工湖，景色十分美丽，游人可以在湖里游泳、划船和垂钓。伯利格里芬湖最大的看点就是湖中有为纪念库克船长而建造的喷泉，它从湖底喷出的水柱高达137米，站在全城任何地方都可以看见，极为壮观。

国家水族馆在堪培拉比较有名，这里有一条容量达100万公升的观光隧道，游客置身于此，仿佛在海底游览一般，让人大开眼界。在这里除了可以欣赏各种水生动物外，还能看到很多珍贵的野生动物，很受游客欢迎。

☽ NIGHT 3

堪培拉到布里斯班约1200公里,乘飞机抵达布里斯班约需要2.5小时。

☀ DAY 4

布里斯班河+故事桥+皇后街购物中心+黄金海岸Q1观景台+冲浪者天堂+华纳电影世界

流经布里斯班的布里斯班河蜿蜒曲折,沿河绿意盎然的林木和现代化的城市景观相映生辉,同时河面的一座座大桥也是各具特色,其中建于1940年的故事桥长1072米,宽24米,桥身造型简洁,是布里斯班的城市标志之一。皇后街购物中心是布里斯班最有名气的商业中心,游人除了可以买到各种各样的纪念品和时尚商品,也可以在这里的布里斯班游客中心索取各种资料或寻求帮助。Q1观景台位于黄金海岸Q1大楼的77层,游人可以乘坐高速电梯来到观景台,欣赏黄金海岸的繁华都市景观和金黄色的迷人沙滩,还有远处海天一色的壮美景观。冲浪者天堂以柔软细腻的沙滩和清澈的海水闻名,是体验冲浪运动的绝佳选择。除了迷人的海滩和大海外,黄金海岸还建有各种主题游乐场,其中华纳电影世界就是一个充满梦幻色彩的主题游乐园,游人可以在这里体验各种经典电影中的场景。

☽ NIGHT 4

木星赌场

木星赌场是黄金海岸著名的旅游景点之一,除了各种博彩项目外,游人还可以在这里欣赏精彩的舞蹈演出,品尝世界各地的风味美食。

☀ DAY 5

清晨 乘火车去黄金海岸,全程70分钟。

冲浪者天堂+梦幻世界+海洋世界

黄金海岸是世界上最美的十大海滩之一,也是澳大利亚著名的度假胜地之一,著名的冲浪者天堂正是黄金海岸的核心之地。来到这里除了欣赏美丽的滨海风光,最大的乐趣就是体验冲浪,惊险而又刺激,给人留下深刻印象。

梦幻世界既是澳大利亚最大的主题公园,也是澳大利亚最受欢迎的亲子乐园。它主要由海洋乐园、儿童世界、精灵世界、淘金村、空心岩和老虎岛等区域组成,拥有众多新颖的娱乐项目,让游客流连忘返,乐不思归。

海洋世界是澳大利亚最大的海洋生物游乐园。这里拥有北极熊展馆、企鹅展馆、金钱豹展馆、海豚湾等,许多海洋动物纷纷在这里亮相,如鲨鱼、海豚、海狮、北极熊、企鹅等。另外,游客还可以观赏精彩的动物表演,或者亲自下水畅游,感受海底的无限魅力。

☽ NIGHT 5

从黄金海岸坐jetstar航空到凯恩斯,用时约2.5小时。凯恩斯的great adventure、sunlover和quicksliver三家公司提供出海去大堡礁服务,价格是每人200澳元左右。

☀ DAY 6

大堡礁

大堡礁可以说是澳大利亚最亮丽的风景明信片，它在全球享有极高的声誉，被称为世界

七大自然景观之一，素有"透明清澈的海洋野生王国"之美誉。大堡礁拥有2000多个大大小小的珊瑚礁岛，风平浪静时，游船从珊瑚礁和海岸间穿过，船下色彩斑斓、形态各异的珊瑚景色非常迷人。来到大堡礁观光、旅游，一定要体验这里的两个特色旅游项目：一个是乘潜水艇观光，游客可以乘坐半潜水船在水下穿梭，近距离欣赏海底美景，感受海底世界的神奇，探索海底奥秘；另一个是海底漫步，海底漫步可以让游客在水底与各种海洋生物亲密接触，感受海底所特有的野趣。

☀ DAY 7

费兹罗花园＋维多利亚艺术中心＋尤利卡塔＋南星观景摩天轮

费兹罗花园是墨尔本面积最大的公园，这里随处可见茂密的树林、宽阔的草坪、色彩艳丽的花朵，风光极好。园内还有两座游乐园，各种精彩的娱乐项目吸引了众多游客。园中最大的亮点是库克船长小屋，值得详细了解和欣赏。

维多利亚艺术中心号称全世界最高的艺术中心，也被看作墨尔本的地标性建筑。艺术中心外观是一座高耸的尖塔，底部像旋舞的裙子，独特的造型让人耳目一新。夜晚，维多利亚艺术中心更加辉煌灿烂，艺术中心高塔能够不断变换颜色，成了墨尔本夜空中最灿烂的风景线。

尤利卡塔是一座极为年轻的建筑，建于21世纪初，它是全球最高的公寓大厦，高约300米，共92层。整个大楼造型精美，宏伟大气，充满了现代感，不愧是现代建筑中的杰作。

南星观景摩天轮在全球都很有名，它是世界第三大摩天轮。摩天轮直径约120米，共有21个观景舱，能够360度全方位欣赏墨尔本的美景。

畅游澳大利亚 ⋮ 推荐

☽ NIGHT 6

从凯恩斯到墨尔本近3000公里，乘飞机需要约3.5小时。

☽ NIGHT 7

黄昏起程，踏上归途

AUSTRALIA GUIDE

畅游澳大利亚

①

悉尼歌剧院

悉尼歌剧院是澳大利亚的象征性标志。这座综合性的艺术中心，在现代建筑史上被认为是巨型雕塑式的杰出作品，早已被联合国教科文组织列入《世界文化遗产名录》。

01 悉尼歌剧院

世界著名的表演艺术中心

被称为20世纪最具特色的建筑之一的悉尼歌剧院坐落于悉尼港的贝尼朗岬角，是世界著名的表演艺术中心，也是悉尼市最具代表性的建筑。歌剧院建成于1973年，由丹麦著名设计师约恩·乌松设计，不仅是文化艺术的殿堂，更是悉尼的灵魂。悉尼歌剧院犹如即将出海的白色风帆，与蔚蓝的大海相映成趣，屋顶由100多万片瑞典陶瓦铺设而成，可抵挡海风的侵袭。歌剧院分为歌剧厅、音乐厅和贝尼朗餐厅三部分，其中音乐厅面积最大，可容纳2679名观众，经常举办交响乐、歌剧、舞蹈、合唱、爵士乐等各种表演。音乐厅里还有由澳大利亚艺术家设计的世界最大的机械木连杆风琴。歌剧厅可容纳1547名观众，经常举办歌剧、芭蕾舞等表演，内部设计非常华丽。贝尼朗餐厅是一个大型的公共餐厅，每天晚上能接纳六千多名顾客。

📍Bennelong Point, GPOBox 4274　🚌乘422、423、426路巴士在环形码头站下　☎02-92507777　⭐★★★★★

TIPS
🚇George Street和Circular Quay交会处 🚌乘422、423、426路巴士在环形码头站下 ⭐⭐⭐

每到周末，岩石区的街道会被暂时封闭，用来举办岩石区假日集市。岩石区集市是悉尼最有名的集市，拥有超过150个摊位，出售一些特色商品，包括各种独具特色的手工艺品、精美的家居用品、华丽的珠宝首饰、有趣可爱的玩具以及一些具有收藏价值的艺术品，还有当地的特色小吃供游客品尝。在这里通常不会听到买家和卖家因为价格问题而争吵，反而都是一些亲切、熟稔的闲聊，充满了和谐的氛围。

---

03 岩石区
悉尼最好玩的地方之一
赏

岩石区是悉尼最早开发的地区，从20世纪70年代开始变为悉尼著名的旅游区，是到悉尼观光旅游必游的景点之一，也是悉尼最好玩、最具人气的景点之一。这里因为早期的建筑大多是用当地盛产的砂岩建造的，因而得名"岩石区"。现在这里仍保留了很多能够代表悉尼发展史的、古老的殖民时期建筑，已经被改建成了特色餐厅、酒吧、纪念品商铺等，周围还有大型购物中心和各国风味的餐馆。其中，苏珊娜房舍就是最古老的建筑之一，建于1884年，而且内部装饰、陈设保存完整，展现了当时一般悉尼市民的住宅风貌，让游客能够了解早期移民劳动阶层的生活环境。

TIPS
📍23 Playfair Street, Rock Square,The Rocks 🚌乘Sydney Explorer在岩石区下 ☎02-92476678 ⭐⭐⭐⭐⭐

★ 乔治王街

澳大利亚的第一条街道

　　乔治王街是岩石区的主轴，也是澳大利亚的第一条街道，拥有悉尼最多的古老建筑，也是悉尼重要的金融和商业中心。这里的古迹包括具有维多利亚时期建筑风格的市政厅大楼、著名的维多利亚女王大厦以及军事博物馆等。除此之外，乔治王街上还有很多雕像，都是对澳大利亚产生过重要影响的人物雕像，包括库克船长、维多利亚女王等，这些如今也成了乔治王街上引人注目的一大看点。

04 悉尼港大桥

悉尼的地标建筑

　　坐落于澳大利亚悉尼杰克逊海港、连接港口南北两岸的悉尼港大桥是早期悉尼的代表性建筑，与悉尼歌剧院隔海相望，并称为悉尼的象征，经常出现在明信片上。悉尼港大桥建成于1932年，第一张设计图由著名的悉尼工程师彼得·翰德逊绘制，大桥跨度为503米，全长1149米，宽49米，中间

TIPS

⊙5 Cumberland Street, The Rocks ⊙乘422、423、426路巴士在环形码头站下 ☎02-82747777 ◎攀登大桥199澳元 ★★★★★

还有双轨铁路，能够通行各种汽车，号称世界最大的单孔钢拱桥。而且，悉尼港大桥也是游客到达悉尼最先看到的建筑，是悉尼港最重要的交通枢纽，在夕阳的照射下还能够随着阳光变换色彩，景色美不胜收。在夜空下，桥上的点点灯火倒映在波平如镜的海湾上，为大桥增添了几分神秘。现在，攀爬悉尼港大桥成为最受欢迎的旅游项目，游客可以在专业人员的带领下爬到这座世界上最大的拱桥的顶端，从不同视角欣赏悉尼的美景。

★ 悉尼湾

景色迷人的海湾

位于悉尼东部的悉尼湾从悉尼城中穿过，为市民带来了荡漾的海水、清新的空气和美丽的沙滩，海湾中还能经常看到各种游艇。20世纪在海湾上修建了举世闻名的悉尼港大桥和悉尼歌剧院，两组建筑一水相隔，一黑一白，一壮美一精巧，对比强烈，并与海水相互映衬，让来自世界各地的游客都印象深刻，使悉尼成为世界闻名的海湾。而且，悉尼湾不仅海水湛蓝，景色迷人，还很宽阔，能够容纳航空母舰的通行，偶尔还会有母鲸带着小鲸在这里嬉戏，因此深受游客喜爱。

畅游澳大利亚 ┈ 悉尼歌剧院

05 悉尼天文台
澳大利亚最古老的天文台

〔赏〕

位于悉尼市中心天文山上的悉尼天文台，是澳大利亚最古老的天文台，至今已有160余年的历史。天文台建筑采用传统的英格兰风格，尖顶棱角分明，非常简洁明快。游客在这里可以通过高倍望远镜观看奇妙的天文现象，白天就可以欣赏天空中发亮的星星、月亮和金星，还可以观看新奇的3D太空电影，让人印象深刻。到了夜晚，能够欣赏到美丽的夜空，各种星星、双星、星团、星云等都会让游客感到惊叹。现在，天文台已经改建为天文博物馆，不仅能够观看各种天文现象，还有很多主题展览、互动游戏等，向游客介绍天文学原理，增长人们的见识，因此吸引了很多天文爱好者前来参观游览。

〔TIPS〕

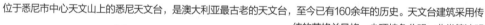

⊙Watson Road, The Rocks 🚌乘311路公交车至Argyle St Near Watson St站下即达 ☎02-99213485 🕙10:00～17:00 ⭐★★★★★

06 悉尼博物馆
展示悉尼历史文化的窗口

位于菲利普总督塔楼前的悉尼博物馆是一栋三层建筑，也是菲利普总督塔楼工程的一部分，与总督府使用同样的砂岩材料，但三层墙面的处理方式不同，从粗糙的底部到打磨光滑的顶部，从侧面表现出了不同的年代特点，展现了历史的变迁。博物馆以展示悉尼和澳大利亚的殖民历史为目的，并对总督府遗址上残存的石头基础进行保护，形成了一个包括广场、雕塑和建筑的博物馆。馆内展品大多是与悉尼原住民有关的，向游客展示了悉尼早期的历史和文化。博物馆三层的东北角是游客游览路线的终点，也是一个观景台，在这里游客能够俯瞰整个广场，也可以远望美丽的海湾、码头和悉尼歌剧院。

TIPS

🏠Bridge St.,Sydney 🚌乘301、302、303、309、310、324、325、374、380路公交车至Phillip St Near Ridge St站下 ☎02-92515988 🕐10:00—17:00 ⭐★★★

07 当代艺术博物馆
现代化的时尚博物馆

位于岩石区的当代艺术博物馆是悉尼著名的博物馆之一，由悉尼大学在新南威尔士州政府的协助下创办，1991年建成。博物馆共三层，没有固定馆藏，主要展示来自世界各国的现代艺术作品，包括绘画、雕刻、动画以及各种现代电子艺术等，形式多样，丰富多彩。博物馆建筑设计和内部装饰、陈设具有现代悉尼的时尚风格，显得明快利落，受到了来自世界各地游客的欢迎。除此之外，博物馆内还设有咖啡厅，在这里游客可以一边品尝美味的咖啡，一边远眺环形码头的美丽景色，尽情享受这悠闲的生活。

TIPS

🏠140 George Street, The Rocks 🚌乘422、423、426路巴士在环形码头站下 ⭐★★★

Quay 吃
"世界最佳50间餐厅"之一

TIPS
📍Upper Level, Overseas Passenger Terminal, Circular Quay West, The Rocks　🚌乘311、431、433路公交车至George St Near Hickson Rd　📞02-92515600
⭐⭐⭐⭐⭐

　　Quay是澳大利亚最负盛名的餐厅之一，曾多次被评为"世界最佳50间餐厅"，而且是澳洲餐馆中排名最靠前的。餐厅地理位置优越，坐在餐厅里，透过落地窗能够看到悉尼的标志性建筑——悉尼歌剧院和悉尼港大桥，顾客在这里可以一边享受美食，一边欣赏美景，非常悠闲和惬意，因此吸引了很多游客。这里的菜式新颖，充满了创新精神，而且大部分原料都来自餐厅的小花园，给人带来很多惊喜。餐厅里的装饰也非常简约明快，服务也非常专业周到，受到顾客的欢迎。

---

09 **肯当艺廊** 赏
充满艺术气息的殿堂

　　肯当是澳大利亚著名的现代艺术家和设计师，曾是澳洲国立艺术学校最年轻的学生，在20世纪六七十年代就已经在广告界崭露头角，后来在绘画领域拥有了出色的成就。他的设计领域涵盖了很多方面，从海报、明信片到服装、生活用品等，而且受到世界各地人们的喜爱。肯当的作品色彩丰富鲜艳，而且充满了趣味和欢乐的气息，大多以大自然为主题，描绘大自然的美丽景色，与大自然进行对话。这座艺廊以肯当的名字来命名，展示了肯当在各个时期的主要作品。游客在这里可以充分感受肯当的艺术世界，欣赏大自然的美。

TIPS
📍1 Hickson Road, The Rocks　🚌乘311、431、433路公交车至George St Near Hickson Rd　📞02-92472740　⭐⭐⭐⭐

10 环形码头

赏

被称为澳洲民族的发源地

　　位于悉尼贝尼朗角和岩石区之间的悉尼商业中心区北部的环形码头呈半环形，曾是悉尼最早的居民聚居地，被称为澳洲民族的发源地。由于环形码头临近悉尼歌剧院和悉尼港大桥，因此成了很多社区庆典的集会地点。每到除夕或逢各种大型节日，这里还会有烟火表演，吸引了很多市民和游客。环形码头由海滨小径、公园、餐厅、购物中心和咖啡馆组成，还拥有悉尼当代艺术博物馆和悉尼市图书馆。这里经常有各种精彩的街头艺人表演，是游客休闲娱乐、欣赏海边美丽景色的好地方。同时，环形码头也是悉尼重要的交通枢纽，有渡轮码头、火车站、巴士站、电车站等。

TIPS

 31 Alfred St., NSW 2000　乘333、380、389、392、394、396、397、399、890路公交车至环形码头站下　02-92551788　★★★★

AUSTRALIA GUIDE

悉尼牛津街

　　牛津街是悉尼的一条特色街道，这里非常繁华，汇集了众多时尚新潮的商店，只要来悉尼的游客，都会到这条街上逛一逛。来这里不管是购物，还是休闲娱乐，都是不错的选择。

01 牛津街

悉尼最繁华的街区

逛

TIPS

🚇 Oxford Street 🚌 乘 Sydney Airport Express Route350、Bondi &Bay Explorer可到

⭐★★★★

位于悉尼市中心外缘、从市中心地带延伸到帕丁顿地区的牛津街，是悉尼最别具特色的街市之一。这里汇集了著名的帕丁顿集市以及众多时尚新潮的商店，商品种类繁多，从书籍、古董到名家设计的服装及各式纪念品，一应俱全，因此受到游客的欢迎。同时，这里也是悉尼夜生活的焦点，因为拥有很多有特色的咖啡厅、餐厅和夜总会而闻名于整个澳大利亚，堪称购物娱乐休闲一条街，吸引了世界各地的众多游客前来观光游览。

02 澳大利亚博物馆

世界最顶级的十佳展馆之一

位于悉尼市海德公园附近学院街的澳大利亚博物馆原名"殖民地开拓者博物馆"，建于1827年，是澳大利亚最古老的博物馆，也是澳大利亚规模最大的自然历史博物馆，被认为是世界最顶级的十佳展馆之一。博物馆内藏品极为丰富，有人类学、动物学、古生物学、环境科学和矿物学的标本约875万件，包括澳大利亚的特殊自然景观和动物、澳大利亚原住民以及大洋洲诸岛自然与人文资料等，其中最引人注目的是一个完整的、名为艾瑞克的蛇颈龙骨架化石。博物馆设有永恒、澳洲最初的居民、地平线、国家与民族和古老的新大陆等5个永久展厅，向游客展示了早期原住民的发展历史、欧洲人移居澳大利亚的过程、澳大利亚联邦的发展历史等，并且配有高科技的互动声光多媒体技术展示设备，使展览更加生动有趣。

TIPS

6 College St., Sydney NSW 2000 乘悉尼观光线路在第15站下 02-93206000
5澳元 ★★★★★

畅游澳大利亚

悉尼牛津街

---

03 Claude's

悉尼十佳餐厅之一

位于牛津街的Claude's，被澳大利亚美食旅行者评为悉尼十佳餐厅之一。这家餐厅与众不同的地方在于这里只提供晚餐，鲑鱼卵泡芙、熏鲑鱼汤、炸生蚝与茄子丸子、炸饺子佐杏仁、鳕鱼烧卖、酱汁蜇虾、酱汁鸭腿等料理都非常美味，让人意犹未尽，牛油果冰激凌、橘子舒芙蕾等甜品也都让人回味无穷。在这里用餐不仅能填饱肚子，更是一种享受。

TIPS

10 Oxford Street, Woollahra 乘Sydney Airport Express Route 350、Bondi & Bay Explorer可到 02-93312325 ★★★★

04 圣玛丽大教堂

被称为"澳大利亚天主教堂之母"

　　位于悉尼学院街和阿尔伯特王子路街角处的圣玛丽大教堂是悉尼天主教社区的精神家园，也是澳大利亚最大最古老的宗教建筑，始建于1821年，被称为"澳大利亚天主教堂之母"。教堂外观气势宏伟，采用哥特式建筑风格，继承了欧洲中世纪大教堂的建筑遗风，由当地的砂岩建成，对称、高耸的尖塔充满了威严的感觉。教堂内部弥漫着古典的气息，阳光透过彩绘的玻璃，变得炫目而灿烂，内部设计和陈设非常华丽，显得恢宏、大气、庄严肃穆，让人的内心感到平静放松。教堂地下墓穴的马洛哥神父地板图案手工精巧，是由彩色碎石镶嵌成的以"创世记"为主题的图案，令人惊叹。

TIPS

⊙St Mary's Cathedral College, 2 St. Mary's Road, Sydney NSW 2000 ⊜乘Sydney Airport Express Route 350、Bondi &Bay Explorer可到 ☎02-92200400 ✪★★★★★

05 皇后街

逛

悉尼市民周末休闲购物的好地方

位于悉尼乌拉娜的皇后街与牛津街相邻，是一条幽雅的街道，与牛津街的气氛截然不同。街边有很多设计独特、有品位的店铺，大多是一些生活用品店和悉尼本土设计师的品牌店。这些店铺装修时尚，像一座座展览馆一样，将各种时尚精美的商品展现在顾客面前，其中包括LisaHo、Akira Isogawa、Nicola Finetti等设计师的品牌，是游客和市民周末休闲购物的好地方。

TIPS

🏠Queen Street, Woollahra 🚌乘Sydney Airport Express Route 350、Bondi & Bay Explorer可到 ⭐★★★★★

06 帕丁顿集市

买

悉尼最时髦的周末集市

位于悉尼牛津街的帕丁顿集市是悉尼最时尚的周末集市，这里聚集了250多个摊位，出售各种手工艺品、饰品、珠宝、特色服装、杂货等，其中包括悉尼当地的一些新锐设计师独创的时尚品牌，非常有特色，受到当地市民的欢迎。除此之外，游客在这里还能看到很多街头艺人的精彩表演，非常有趣，充满了欧洲街头的味道，摄影爱好者也喜爱来这里拍摄。

TIPS

🏠395 Oxford Street, Paddington 🚌乘Sydney Airport Express Route350、Bondi & Bay Explorer可到 ⭐★★★★

畅游澳大利亚··悉尼牛津街

AUSTRALIA GUIDE

Australia

畅游澳大利亚

③

悉尼海德公园

海德公园历史非常悠久，风光独好，这里拥有大片的草坪和树林，悉尼市民在周末和节假日都喜爱来这里度假、休闲。

海德公园
悉尼最有人气的休闲娱乐场所

位于悉尼市中心的海德公园始建于1810年，至今已有二百多年的历史。这里风景秀丽，有大片的草坪和百年以上的树木，是悉尼人最常来的休闲度假场所。海德公园的建筑采用伦敦式样，原本是准备用作兵营，但建成以后没有军队入驻，反而成了关押囚犯的监狱，如今被改建成一座博物馆，通过实物、图片、文字等资料向游客展示澳大利亚早期流放犯的生活以及悉尼早期的历史。公园内的草坪原本是准备用作军队的操练场，后来还曾做过赛马场和棒球场，如今已经成为深受人们喜爱的约会地点。公园中心是一个造型独特的喷水池，由一组青铜雕像组成，中间是一个手拿古琴的少年雕像，后面是扇形的喷泉，当喷泉喷出时非常漂亮。漫步在宁静的公园中，越过柔和的小山丘，远离闹市的喧嚣，就能放松心情，享受自然。因此，海德公园受到了市民和游客的喜爱。

TIPS

📍5–11 Wentworth Ave., Sydney 🚌乘389、441路公交车至海德公园站下 ☎13–00651301 ⭐★★★★★

澳大利亚最高建筑之一的悉尼塔位于悉尼市中心，高305米，是南半球第二高的参观平台，与悉尼歌剧院、悉尼港大桥一起被称为悉尼三大地标性建筑。悉尼塔是一座金黄色的多功能建筑物，建成于1981年，塔身高230米，呈管状，由46根长5米、直径7米、重32吨的管子组合而成，外部由56根巨大的钢缆支撑。塔顶的塔楼是一个9层的圆锥体建筑，内设有旋转餐厅和瞭望台，游客在这里可以体验一边品尝美味，一边全方位欣赏窗外美景的奇妙感觉，也可以在瞭望台鸟瞰整个悉尼市的美景：大片的绿地、楼房、飞快的车流以及远处海湾里进进出出的巨轮和帆船。或者通过瞭望台的望远镜将周围几千米内的美景尽收眼底。塔基部分是大型购物中心，时装、皮草、饰品、纪念品、书刊等商品琳琅满目，一应俱全。

 TIPS

⊕ Podium Level, 100 Market Street ⊜ 乘Sydney Explorer 在悉尼塔下 ☎ 02-93339222 ◎ 25澳元 ✪ ★★★★★

✳ 天空漫步
澳大利亚最刺激的探险活动

来到悉尼塔绝对不能错过"天空漫步"，这是一项澳大利亚最高的户外景观探险活动。游客穿戴好安全保护装置后登上悉尼塔外沿的玻璃底观景台，站在260米高的地方鸟瞰悉尼市美丽的风景，好像悬浮在空中，非常惊险刺激，让人心跳加速。在这里，游客能够感受到高空的微风和温暖的阳光拂过脸庞，或者选择黄昏时分，看着繁华的悉尼逐渐改变颜色，裹上闪闪发光的晚装。无论什么时间，天空漫步都会给游客留下深刻的印象。

03 毕特街购物中心

全球五大顶尖名牌"朝圣地"之一

买

位于悉尼市中心地带的毕特街购物中心是悉尼最知名的高档购物区，与

TIPS

📍Pitt Street 🚌乘Sydney Explorer在毕特街下 ⭐★★★★

纽约第五大道、巴黎香榭丽舍大街、香港铜锣湾和伦敦牛津街一起被称为全球五大顶尖名牌"朝圣地"。这里汇集了各种社会名流、品位人士出席社交场合所需要的顶尖名牌，包括Chanel、Christian Dior、Gucci、Louis Vuitton、Armani等，而且店铺装潢都非常华丽，橱窗设计精美，以为顾客提供最顶级的商品和最优质的服务为宗旨。毕特街购物中心的商品风格多样，能够满足不同品位、风格顾客的需求。除此之外，这里的建筑也非常有特色，到处都能看到维多利亚时代的拱廊，非常有情调。而且，这里的各大商场之间都有通道相连，让顾客即使是下雨天也能从容地逛完整条街。

04 新南威尔士州议会大厦

古今合璧的著名建筑

赏

新南威尔士州议会大厦是一座古今合璧的建筑，外面的大楼采用古典哥特式建筑风格，笔直的线条显得简洁大方、古朴典雅，与悉尼大学的主楼非常相似。高高耸起的尖顶、墙面上精美的浮雕以及上圆下方的门窗都透出浓郁的英格兰

TIPS

📍6 Macquarie Street, Sydney NSW 2000 🚌乘200路公交车至国家图书馆站下 📞02-92302111 ⭐★★★★

式建筑风格，充满了古典的文化氛围。大厦内部则采用了非常具有现代感的装饰和陈设布局，议会大厅内呈马蹄形，众议院以代表澳洲东南部绿色草原的淡绿色为主色调，参议院以代表澳洲西北部红色土地的淡红色为主色调，象征着澳大利亚广阔的土地。在这里，游客能够了解到议会召开时议长和议员所坐的位置以及会议中激烈辩论和表决的场景。

05 悉尼市政厅 赏

悉尼最著名的地标建筑之一

　　位于悉尼市中心的悉尼市政厅建于1869年，是悉尼最古老的建筑之一，毗邻圣安德烈教堂，与维多利亚购物中心相对。市政厅采用维多利亚建筑风格，富丽堂皇，全部由砂岩砌成，拥有一座高高的钟楼，非常引人注目，是悉尼著名的地标性建筑之一。市政厅内设有会议室、会客室、音乐厅以及市长和议员的办公室，其中音乐厅是悉尼市第一个音乐厅，至今已有百年历史。音乐厅中有一架巨大的管风琴，是1890年在伦敦打造好后通过轮船运来的，由八千多支琴管装配而成，音响效果非常出色，让人印象深刻。在悉尼歌剧院建成之前，重要的音乐演出都是在市政厅的音乐厅举行的。

TIPS

 483 George Street，Sydney　乘412、461、480、483、501路公交车至市政厅站下　02-92659189
★★★★

维多利亚购物中心
悉尼最大的购物中心

位于悉尼乔治街的维多利亚购物中心是悉尼最大的购物中心，历史悠久，建于1898年。原本是一个农产品市场，如今发展成了悉尼最豪华的购物中心和最著名的旅游景点。购物中心长190米，宽30米，几乎占据了乔治街整个街区，建筑采用拜占庭式风格，将古典元素与现代元素完美地结合在了一起，曾被世界著名服装设计大师皮尔·卡丹誉为"全世界最漂亮的购物中心"。购物中心内有200多间时装店、珠宝店、特色商店和咖啡厅，各式各样的商品琳琅满目，让人眼花缭乱，从服装到珠宝，从杂货到药品、艺术品和食品，应有尽有，能够满足顾客的多种需求。中心内精致的拱门、华丽的穹顶、色彩斑斓的玻璃以及层次分明的地砖，都让顾客感受到浓郁的古典风情，楼梯和走廊墙壁上精美的油画让人感觉像身于博物馆中，在这样的环境中购物绝对是一种特别的体验。

---

07 麦考利夫人之角
由巨石雕琢而成的座椅 赏

麦考利夫人之角其实是一块由巨石雕琢而成的座椅，是为了纪念澳大利亚第四任总督麦考利的夫人而建的。19世纪时，被任命为澳大利亚第四任总督的英国人拉克伦·麦考利不远万里带着妻子来到澳大利亚。根据当时英国的规定，麦考利总督每五年都要回英国进行述职，路途非常遥远，在麦考利总督回国述职期间，麦考利夫人经常坐在这里画画、看书，盼望着丈夫早日归来。麦考利总督在任期间工作非常出色，使悉尼得到了极大的发展，因此被人们称为"现代悉尼的缔造者"。后人为了表达对麦考利总督的赞扬和歌颂，在这里修建了麦考利夫人之角。而且，在这里也可以同时欣赏悉尼港大桥和悉尼歌剧院，让人不得不感叹这两座现代建筑瑰宝在地理位置和结构设计上的完美配合。

08 乌鲁姆鲁码头
欣赏海景的好地方

乌鲁姆鲁区环抱乌鲁姆鲁湾，是悉尼的港湾区，这里曾是悉尼的贫民窟，如今经过改造已经成为悉尼的住宅区，位于中心的乌鲁姆鲁码头是这一街区的地标。乌鲁姆鲁码头又叫手指码头，拥有世界上最大的木质建筑，非常壮观。这里还曾是悉尼的运输中心，非常繁华，保留下来很多老仓库。这些仓库现在已经改建成为餐厅和酒店，非常有特色，吸引了很多来自世界各地的游客。在这些独具特色的餐厅里一边品尝当地特色美食，一边欣赏美丽的海景，绝对是一种享受。

TIPS

Sydney，New South Wales，Australia (Inner West) 从十字区沿MCELHONE STARIES而下即可到达 ★★★★

09 悉尼皇家植物园
市内的一片绿洲

 赏

悉尼皇家植物园位于澳大利亚国王公园旁边，历史悠久，建成于1816年，占地面积约0.3平方公里。

TIPS

🏠Mrs.Macquaries Rd. 🚌乘441路公交车至新南威尔士州艺术画廊站下 ☎02-92318111 ⭐★★★★★

植物园自开园以来，不断收集世界各地的植物，发展至今已有1万多个品种的植物，收藏十分丰富。公园里绿草如茵，鸟语花香，景色十分美丽，主要分为悉尼热带中心、香草花园、悉尼蕨类植物场、植物资讯和无轨火车等部分。在植物园的东南角有一棵红色尤加利树，据说1851年为庆祝维多利亚州脱离新南威尔士州独立，而在此树周围举行盛会，因而被称为分离纪念树。除此之外，植物园内还有餐厅和商店，同时这里也是欣赏悉尼歌剧院和悉尼港大桥的好地方，游客可以在此一边品尝当地的美食，一边欣赏美丽的景色。

维多利亚街

颇具特色的商业街

悉尼的列王十字区是外国游客游览悉尼的主要落脚点之一，这里距离悉尼各个知名旅游景点都很近，因而受到游客的喜爱，而且这里是悉尼夜生活最丰富的地区，与伦敦的苏霍区和时报广场齐名。位于列王十字区的维多利亚街是一条非常有特色的商业街，各种特色餐厅、酒吧、咖啡馆等随处可见，包括Tropicana、Coluzzi、Café Fellini等。走在这里到处都能闻到诱人的咖啡味，让人忍不住想要喝上一杯。游客不仅可以在店里品尝美味的咖啡，还可以坐在街边的长椅上享受这里悠闲的生活。

TIPS

📍Victoria Street, King's Cross 🚌乘Sydney Explorer在维多利亚街下 ⭐★★★★★

11 Bar Coluzzi

悉尼比较有名的咖啡馆

TIPS

📍322 Victoria Street, Darlinghurst 🚌乘311路公交车至Victoria St Near Craigend St站下 📞02-93805420 ⭐★★★★

位于维多利亚街上的Bar Coluzzi是悉尼最著名的咖啡馆之一，是由20世纪50年代意大利著名拳击手Luigi Coluzzi创立的。这家咖啡馆的咖啡全部是现磨的，代替了以前的速溶咖啡，非常受欢迎。一些社会名流也会到这里喝一杯香醇的咖啡，放松心情，可以说这里改变了悉尼人喝咖啡的习惯。在这里游客不仅能够品尝到香浓的咖啡，还能感受到浓郁的复古情怀，墙上还有很多名人的签名，显示出这里的受欢迎程度。

新南威尔士艺术馆具有悠久的历史，建于1874年，以收藏品丰富而闻名，是澳大利亚三大美术馆之一。新南威尔士艺术馆也是澳大利亚最先开发的地方，是澳洲新文化的起源，拥有很多澳大利亚最有价值的艺术品。艺术馆共有5层，分别是澳大利亚艺术部、原住民艺术

TIPS

⊙Art Gallery Road, The Domain ⊜乘Sydney Explorer在新南威尔士艺术馆下 ☎02-92251744 ★★★★

部、亚洲艺术部、国际艺术部和摄影作品部。其中位于一层的原住民艺术部主要展现了澳大利亚原住民的传统艺术和现代艺术，是澳大利亚最大的原住民文物展览中心。三层是亚洲艺术部，主要展示和收藏来自中国、日本和其他亚洲国家的珍贵艺术作品，包括国画、书法、陶瓷、佛雕等两千多件中国艺术品。四层主要展示了澳大利亚的艺术珍品，由于澳大利亚早期受到欧洲文艺复兴的影响，因此这个时期的艺术品有英国艺术的影子，呈现出欧洲移民文化的特点。除此之外，艺术馆还经常举办一些著名艺术家的作品展，吸引了很多热爱艺术的游客前来参观。

13 伊丽莎白湾宅邸

澳大利亚式建筑的典范

位于悉尼港旁边的伊丽莎白湾因其美丽的海景而闻名于世，如今新年到伊丽莎白湾旁边的帕兹角欣赏焰火已经成为一种新时尚。坐落于俯瞰悉尼港湾最佳位置的伊丽莎白湾宅邸建于19世纪30年代，由著名设计师约翰·佛吉设计，曾是澳大利亚总干事亚历山大的住所，后来成为麦考利总督的宅邸。建筑是早期殖民时期的建筑风格，被称为殖民时期建筑的代表作，采用砂岩堆砌而成，简洁高雅，其中椭圆形的沙龙和弯曲的楼梯最有特色。屋内大部分摆设和装饰都保留了以前的风格，早餐室和晨室还有美丽复古的窗帘和帷幔，显得非常华丽富贵。

TIPS

Elizabeth Bay House, 4/7Onslow Avenue, Elizabeth Bay 乘311路公交车至Macleay St Near Rockwallcr站下 02-93563022 ★★★★★

AUSTRALIA GUIDE

悉尼达令港

达令港不仅是悉尼最缤纷的旅游胜地，也是悉尼举行重大会议和庆典的场所。当然，来这里购物也不错。每天这里人来人往，人气十足，很多人把这里比喻成"悉尼的一颗璀璨明珠"。

港湾购物中心是悉尼达令港最主要的购物中心，这里有超过200家大小商铺供顾客选购，各式服装、百货、饰品、纪念品等都能在这里找到。最重要的是，这里是悉尼唯一一家营业到21:00的大型购物中心，满足了那些赶不上商场营业时间，又喜爱购物的人的需求。除了购物，顾客在这里还能够品尝各种美食，来自世界各地的风味让人大快朵颐，非常享受。

TIPS

231/10 Darling Dr.,Sydney 2000 乘Monorali、Sydney Light Rail在港湾购物中心下 02-92813999 ★★★★

02 达令港
悉尼的一颗璀璨明珠

赏

位于悉尼市中心西北部的达令港又叫情人港，为纪念新南威尔士州第七任总督芮福·达令而命名，是悉尼最具特色的旅游和购物中心，也是举行重大会议和庆典的场所。这里曾是一个荒芜破败的死水港，后来作为澳大利亚最大的城市复兴计划而被改建为旅游景点，成了澳大利亚的一颗璀璨明珠。如今，这里不仅有港口码头，还有绿地、流水以及各种建筑群，包括奥林匹克运动会展示中心、悉尼娱乐中心、悉尼水族馆、国家海事博物馆、悉尼会议中心、悉尼展览中心、动力屋博物馆、艺术市场、购物中心、酒吧、咖啡馆、饭店等。还有来自世界各地的街头艺人在这里进行精彩的表演，吸引了众多游客。

TIPS

Wheat Rd., Port Jackson　乘443路公交车至海事博物馆站下　★★★★★

03 悉尼渔市场

澳大利亚著名的海鲜大市场

买

悉尼渔市场可以说是南半球最大的集批发、零售、餐饮于一体的海鲜市场，每日海鲜的交易量排在世界前列，是人们购买和享用海鲜的好地方。市场内有很多有特色的中式、日式和西式海鲜餐厅，还有各种物美价廉的海鲜快餐。游客可以选择在餐厅中一边优雅地品尝各式海鲜料理，一边欣赏窗外的美景，也可以选择在码头边吹着微凉的海风，享受丰富的海鲜快餐，大快朵颐，悠闲自在。除此之外，悉尼渔市场还有著名的悉尼海鲜烹饪学校，它是澳大利亚最好的烹饪学校之一，游客在这里可以学到中、日、意、泰等各国的海鲜料理方法，自己动手完成一餐美味的海鲜。

TIPS

🏠Bank Street, Pyrmo 🚃乘Light Rail在Sydney Fish站下
⭐★★★★

04 金唐海鲜酒家

悉尼有名的海鲜餐厅

吃

金唐海鲜酒家坐落于悉尼唐人街，是悉尼最有名的海鲜餐厅之一，很多悉尼的厨师都会来这里用餐。这里的老板是香港人，厨师的厨艺非常精湛，其中最受欢迎的就是招牌菜皇帝蟹。不仅普通市民喜爱光顾金唐海鲜酒家，很多影视明星、摇滚巨星、政要名人等也曾选择这里用餐，美国前总统布什就是其中之一，他在品尝过这里的海鲜之后赞不绝口。这里除了各种海鲜，还有北京烤鸭、港式烧鹅、粥等中式菜肴供顾客品尝，让中国游客感到非常亲切。

TIPS

🏠393-399 Sussex Street 🚃乘Monorail、Sydney Light Rail在金唐海鲜酒家下 ☎02-92123901 ⭐★★★★

05 悉尼水族馆
澳大利亚最大最壮观的水族馆之一

赏

位于达令港下方的悉尼水族馆是澳大利亚最大最壮观的水族馆之一，馆内有来自澳洲北部、大堡礁以及澳大利亚国内各个湖泊溪流的5000多种海洋生物，吸引了世界各地的游客前来观看。水族馆内最受欢迎的是146米长的水底隧道，在这里游客可以看到鳗鱼、鲨鱼等各种鱼类在头顶游过，还有色彩斑斓的珊瑚和在海底嬉戏的海狮，让人印象深刻。除此之外，游客在水族馆中还能看到憨态可掬的鸭嘴兽、小企鹅、海豹、凶狠的咸水鳄，以及各个种类的鲨鱼和各种珊瑚、礁石生态环境，让人大开眼界。而且，水族馆还设有开放触摸区供游客与海洋生物进行亲密接触，也非常受欢迎。

TIPS

🏠Aquarium Pier, Darling Harbour 🚌乘Sydney Explorer、City Rail、Monorail、Sydney Light Rail在悉尼水族馆下 ☎02-82517800 💰29.95澳元 ★★★★★

看点 01 巨大大堡礁水族馆
展现神秘的海底世界

巨大大堡礁水族馆是由大量不同的动植物礁石栖息地组成，它还拥有礁石周围及岛屿周边发现的鱼类和无脊椎动物，以及包含大堡礁典型的珊瑚虫的活珊瑚虫洞穴。这里为游客重现了昆士兰沿岸的世界自然奇迹——大堡礁的海下生态环境，让游客不用潜到海底就能看到神秘的海底世界，满足了游客的好奇心。

海洋水族馆
海底隧道

海洋水族馆是悉尼水族馆最受欢迎的景点之一，它是一条长达146米的水底通道，圆弧形的观景窗全部由玻璃打造，是世界上最长的海底隧道。这里让游客仿佛置身于海底，各个种类的鲨鱼、鳐鱼等海洋生物在身边游来游去，可以尽情欣赏海底生态环境的丰富多彩。

06 悉尼娱乐中心
悉尼最重要的流行音乐会场

娱

位于悉尼达令港的悉尼娱乐中心是悉尼最重要的流行音乐会场，可容纳12500多名观众，而且距离悉尼市中心和唐人街都非常近。很多世界知名的歌坛巨星，如张学友、郑秀文、Lady Gaga等，都曾在这里举办过演唱会。除此之外，这里还曾举办过马戏、芭蕾、滑冰、网球、篮球、室内摩托穿越等各种表演和比赛，也是2000年悉尼奥运会的篮球比赛场地。虽然娱乐中心建成只有二十多年，但已举办了2500多场比赛和表演，接待了近1500万名观众。因此，这里也成了悉尼著名的旅游景点，吸引了来自世界各地的游客。

TIPS

35 Harbour St., Darling Harbour 乘有轨电车L1线至柏迪市场站下 02- 93204200 ★★★★★

07 澳大利亚国家海事博物馆

世界上最酷的十大博物馆之一

赏

　　位于悉尼达令港西海岸的澳大利亚国家海事博物馆建于1991年，是澳大利亚最重要的海事博物馆，2010年被英国的《泰晤士报》评为世界上最酷的十大博物馆之一。博物馆保存和记录了澳大利亚的海事发展历史，通过翔实的资料和丰富的实物展品讲述了澳大利亚与海洋不能割舍的联系。馆内展品数量繁多，总数超过4万件，分为航海家、贸易、海军等七个固定展区，还有很多曾使用过的船只、船模型、航海人物模型以及当时的服饰和用品等。其中上船游览是最受游客欢迎的项目，游客可以踏上皇家澳洲海军最后一艘大型枪船"吸血鬼"号，感受它曾经的辉煌。

TIPS

📍 2 Murray Street, Darling Harbour 🚌 乘433路公交车至海事博物馆站下 ☎ 02-92983777

⭐ ★★★★

08 悉尼唐人街

澳大利亚最大的华人聚居地

逛

位于悉尼商业中心区南部、中央车站与达令港之间的悉尼唐人街是澳大利亚最大的华人聚居地，是一个充满活力的街区，到处都是色彩斑斓的中英文霓虹灯招牌，充满了中国风情。在这里经常能看到具有中国特色的牌楼，挂着鲜艳的大红灯笼，街上的行人也有很多黄皮肤、黑头发的中国人，

TIPS

 Dixon St.和Hay St.交会处 乘190、412、413、422、423、501、555路公交车至George St Opp Rawson Place 站下 ★★★★★

让人感到非常亲切。唐人街的中餐馆也非常多，而且非常受澳大利亚人的欢迎。听着悦耳的中国音乐，欣赏精致的中国装饰，品尝美味的中国菜肴，被当地人视为一种难得的享受。每到春节期间，唐人街还会举行大巡游，展示中国文化，吸引了很多悉尼市民前来观赏。

★ 中国花园

位于悉尼唐人街的中国花园——谊园是澳大利亚建国200周年时，为展现澳中两国人民的友谊而修建的，由广州园林局负责设计，与新南威尔士州共同合作完成。谊园占地1万平方米，主要分为门庭导引区、主景区、竹林小院区、山涧瀑布区、山林野趣区、楼台水亭区等六部分，具有中式风格的凉亭、湖泊、瀑布、桥梁、花草等构成了中国花园的宜人景色，带有浓郁的中国江南园林风情，也是海外最大的中国式园林。这里还会举行很多富有中国传统特色的活动，向海外展示中国的古典文化。

09 派迪斯集市 买
物美价廉的集市

　　位于悉尼唐人街的派迪斯集市以商品种类繁多、物美价廉而著称，是当地居民购买各种生鲜食材的主要场所，也是购买悉尼旅游纪念品的主要场所。派迪斯集市主要分为普通商品区和生鲜食材区两部分，各种服装、饰品、箱包、家居用品、珠宝产品等都可以在普通商品区找到，而且大多数摊主都是亚裔人士，让人感觉像是在中国国内的商场中购物一样。生鲜食材区则是各种新鲜且价格实惠的蔬菜、水果、海鲜等，还有很多烹饪中国菜用到的调味料，受到主妇们的欢迎。

TIPS

⊙中国城Thomas Street与Hay Street交会处　🚌乘Sydney Explorer在中国城下 ⭐★★★★

10 动力屋博物馆 赏
悉尼最大的博物馆

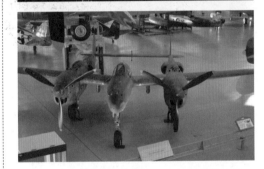

　　位于悉尼唐人街附近的动力屋博物馆是悉尼最大的博物馆，曾经是悉尼重要的发电厂，后经改建而成，是一座科学和设计性质的专业博物馆，向游客展示和介绍各种新奇的科学技术。馆内藏品丰富，不仅有欧洲顶尖时尚品牌的经典作品，还有很多澳大利亚设计新秀的作品，总数超过40万件。博物馆共分五层，从工业革命时期到现代的作品都能在这里看到，而且涵盖了科学、技术、手工艺等各个领域，从最古老的蒸汽火车到太空飞船，从老式乐器到各种现代化家具、时装等，让人眼花缭乱，感叹人类科技进步之快。

TIPS

⊙Powerhouse Museum 500 Harris St. Ultimo　🚌乘501路公交车至Harris St Near Macarthur St站下　☎02-92170111 ⭐★★★★

畅游澳大利亚 ⋯ 悉尼达令港

AUSTRALIA GUIDE

悉尼其他

01 邦迪海滩

澳大利亚冲浪运动中心

玩

TIPS

📍Bondi Beach 🚌乘悉尼市内专线换乘邦迪海滩专线可到 ⭐★★★★

　　邦迪海滩是澳大利亚最著名最古老的冲浪运动中心，也是传统的冲浪救生训练基地，得名于当地原住民，意思是"海水翻动的噪声"，非常恰当地描述了这里风高浪大的特点。在这里经常能看到各种冲浪活动、运动员的精彩表演、各种街头艺人在岸上卖力的表演，以及充满特色的民俗活动和艺术展览活动等。游客在欣赏这些表演和展览之余，还可以到海滩边的咖啡馆喝上一杯咖啡，或者品尝一客美味的冰激凌。在日落时分，一边欣赏夕阳下大海的壮美，一边享受海滩上众多餐馆的诱人美食，这种悠闲的生活让人流连忘返。海滩周围还有很多冲浪用品商店和时尚的服装店，堪称一个完美的休闲度假胜地，吸引了世界各地的众多冲浪爱好者和观光客前来游览度假。

02 邦迪集市

极具特色的假日集市

买

　　邦迪集市是邦迪海滩附近最具特色的假日集市，原本是居住在附近的居民在周末休息时间进行交换和叫卖自家物品的集市。后来人气逐渐升高，集市规模逐渐扩大，很多艺术家和年轻人也开始在这里摆起了小摊，售卖一些自己的作品。久而久之，这里就变成了著名的特色假日集市。邦迪集市与帕丁顿集市的不同点在于，这里的商品大多是摊主自己动手制作的，独一无二，而且非常有特色，包括珠宝、婴儿服饰、鞋子、蜡烛等，因此吸引了众多游客前来淘宝。

TIPS

📍Bondi Public School 🚌乘Bondi & Bay Explorer、City Rail可到 ☎02-93158988 ⭐★★★★

03 2000年奥运村
悉尼奥运会纪念地

赏

悉尼自1993年取得2000年奥运会举办权后便开始大兴土木，建造各种奥运场馆和运动设施，其中包括可容纳11万名观众的奥运会主体育场，以及供运动员和官员生活的奥运村，这也是历届奥运会中首次将所有运动员集中在一起的奥运村。奥运村占地约1平方公里，共有1150间采用先进环保设计和特殊设计的房间，而且广泛使用太阳能等清洁能源，将节能环保意识带入每一个小细节。除了参观这些独具特色的节能环保房间之外，游客还可以到附近的州立体育中心、澳大利亚体育馆、水上运动中心以及百年纪念公园等体育场馆和娱乐休闲场所进行参观游览，来一次奥运主题之旅，或者在奥运精品店购买一些悉尼奥运会纪念品。

TIPS

📍7 Figtree Dr., Sydney Olympic Park NSW 2127 🚌乘401、525、526路公交车至Dawn Fraser Ar站下，或乘4路公交车至悉尼奥林匹克公园站下 ☎02-97147135 ⭐★★★★

04 Speedo's Café
享受悠闲时光的好地方

娱

Speedo's Café位于邦迪海滩附近，是一间悠闲自在的海滩咖啡厅。在这里经常能够看到人们在海滩上晒完日光浴或冲浪结束后悠闲地用餐的身影，其中有来自世界各地的观光客在观光游览之余，来到这里用餐。而且，这里工作人员的服务态度也非常好，游客可以在这里品尝充满当地特色的美味食品，尽情地享受当地悠闲的海滩生活。

TIPS

📍126 Ramsgate Ave., North Bondi 🚌乘悉尼市内专线换乘邦迪海滩专线可到 ☎02-93653622 ⭐★★★★★

05 猎人谷胡椒树客屋
充满欧洲特色的高级旅馆

赏

　　位于悉尼郊外猎人谷内的胡椒树客屋是一座充满欧洲特色的高级旅馆，建筑外观犹如欧式庭院，还有种植着多种色彩艳丽的花卉的花园，充满了乡村豪宅的气息，让人一看就心情愉悦。同时，这里的房间不但装饰典雅，还非常隐秘。

TIPS

Ekerts Road, Pokolbin　乘出租车可达　☎02-49938999
★★★★

这里的餐厅Chez Pok是著名的法式乡村餐厅，主厨以猎人谷本地的新鲜食材为主料，搭配以自家香草园中种植的香草植物，将法式、中式和意式料理的精华集于一体，烹调出一道道美味的料理，让人赞不绝口，回味无穷。

06 塔龙加动物园
动物欢乐园

赏

　　位于悉尼港附近的塔龙加动物园是悉尼的一座城市公园，建于1916年，占地面积

TIPS

Bradleys Head Road, Mosman NSW 2088　从达令港乘船可到　☎02-99692777　★★★★

约0.3平方公里，也是悉尼著名的旅游景点，充满了纯野生的天然风情。动物园中有400多种动物，总数超过2000只，包括袋鼠、无尾熊、袋熊、鸭嘴兽、袋獾以及澳大利亚鸟类等各种澳大利亚特有的代表性动物，还有黑猩猩、企鹅、水獭、犀牛、海豹、浣熊等其他动物。动物园每天在不同时段都会有可爱的动物表演，非常精彩，经常逗得游客开怀大笑。不仅如此，游客还可以与喜爱的动物进行亲密接触，并合影留念，因此吸引了众多世界各地的游客前来参观游览。除此之外，游客在这里还能够远眺美丽迷人的悉尼海港、悉尼歌剧院和悉尼港大桥，或者乘坐缆车，欣赏美丽的悉尼全景，真是让人流连忘返。

07 猎人谷花园
新南威尔士州最大的迷宫花园

赏

占地面积0.25平方公里的猎人谷园是新南威尔士州最大的迷宫花园，由玫瑰园、意式花园、日式庭园、英式庭园、童话故事花园等十余个大小、主题及内部设计都不同的花园组成，游客在这里能够欣赏到世界各地风情的园林艺术。

TIPS

📍Broke Road Pokolbin 🚗乘出租车可达 ☎02-49984000
💰19.9澳元 ⭐★★★★

其中，童话故事花园是最具创造力的一座花园，整个花园以著名的经典童话《爱丽丝梦游仙境》为主题，塑造出了童话中的很多人物和场景，并且在每个场景和人物前还有一本放大的故事书，呈现当页的故事场景，让游客能够亲身体验童话故事中的梦幻场景，因此吸引了世界各地的众多童话爱好者前来体验和感受。

08 猎人谷品酒学校

了解酒文化的好地方

位于悉尼市北部的猎人谷是世界著名的葡萄酒产区，每年能够生产600万升葡萄酒，而且风景秀丽。这里有一所品酒学校，可以让游客对葡萄酒的酿造和贮藏有深入的了解，吸引了很多喜爱葡萄酒的人前来学习。品酒学校的全部课程约2小时，游客可以在解说员的带领下了解猎人谷地区的生态环境以及适合栽种的葡萄品种，接着在酿酒区观看葡萄酒的酿造过程。在了解完这些基本的葡萄酒知识后，解说员开始向大家讲述品酒的过程，从摇动酒杯、欣赏酒的色泽，到闻酒、品酒，让游客对葡萄酒有一些全面的了解。

TIPS

 Hermitage Road Pokolbin ⊕乘出租车可达 ☎02-49987777 ⓢ25澳元 ★★★

09 酒窖餐厅
被评为澳大利亚最佳当代餐厅

猎人谷是澳大利亚最早出产葡萄酒的地方，拥有最早的葡萄酒庄园，如今已经成为澳大利亚著名的葡萄酒产地，还被称为"悉尼的后花园"。位于猎人谷的酒窖餐厅曾连续多年被评为澳大利亚最佳当代餐厅，主厨使用猎人谷当地的新鲜食材烹调出一道道美味的菜肴，让人回味无穷，赞不绝口，而且餐厅环境舒适温馨，让人感到非常惬意。顾客在这里用餐，除了美味的菜肴外，自然少不了要品尝猎人谷产的葡萄酒。这里有经过精心挑选的14款优质葡萄酒供顾客品尝。

TIPS

⌂Hunter Valley Garden Village, Broke Road Pokolbin 🚌乘出租车可达 ☎02-49987584 ⭐★★★★

10 磨坊餐厅
汇集各地风味的美食餐厅

位于Tuscany Wine Estate的磨坊餐厅是一间汇集了各地风味美食的餐厅，包括传统的意大利风味比萨、印度风味的坦都里羊肉比萨、墨西哥风味的龙舌兰比萨、北京烤鸭风味的比萨、地中海素食比萨，以及熏火腿、意式腊肠、烤生牛肉片、腌渍蔬菜、奶酪和面包的酒庄品牌比萨等。

TIPS

⌂Cr. Hermitage Road & Mistletoe Lane, Pokolbin 🚌乘出租车可达 ☎02-49987288 ⭐★★★★

顾客在这里可以选择在室内静静地品尝这些美味的料理，感受餐厅温馨的氛围，或者在户外一边欣赏远处蓝天白云下的葡萄园，一边品尝美味的菜肴，享受明媚的阳光和大自然的风情，体验美食和美景完美结合的惬意。

11 罗伯特餐厅

幽静典雅的美味餐厅

TIPS

🏠Halls Road Pokolbin 🚕乘出租车可达 ☎02-49987330
⭐★★★★

罗伯特餐厅环境幽静典雅，菜肴也非常美味，曾多次获得澳大利亚的美食大奖。餐厅主厨精心挑选新鲜的生蚝、干贝、羊排、野兔、鹌鹑、野鸭等食材，做出的每一道美味料理都让食客印象深刻，回味无穷。从蘸上橄榄油和红醋的餐前面包，到带有北意大利色彩的法式乡村料理，都是色香味俱全，让人无法抗拒。用餐的时候搭配上餐厅精心挑选的葡萄酒，更是别有一番滋味，让食客们不得不跷起大拇指称赞，是喜爱美食的游客不可错过的美味餐厅。

12 悉尼翎羽谷野生动物世界

悉尼最棒的互动式野生动物接触体验场所

TIPS

🏠217 Kildare Road,Doonside NSW 2767 🚆乘City Rail
在Blacktown换乘725路公共汽车可到 ☎02-96221644
⭐★★★★★

悉尼翎羽谷野生动物世界位于通往著名景点蓝山的必经之路上，是悉尼最棒的互动式野生动物接触体验场所，2010年评选的新南威尔士州主要旅游景点银牌得主。这里喂养的澳洲野生动物种类是世界上最齐全的，有300多个种类的2200只动物，以互动性强、表演精彩而深受游客欢迎。除了数量众多的考拉和袋鼠，游客还能面对面地接触到各种野生动物，包括沙袋鼠、鸸鹋，种类丰富的鸟类以及爬虫馆中40多种爬行动物。另外，游客还有机会接触到一些更奇特的动物，如短鼻袋鼠、神仙企鹅、鹳、鸨、4.5米长的咸水鳄以及30多种濒危动物。

13 蒙哥国家公园

欣赏天然崎岖美景

TIPS

Mungo NSW 2715　乘旅游巴士前往

★★★★

　　位于新南威尔士州西南部的蒙哥国家公园属于世界遗产威兰德拉湖区，建于1979年，占地面积278平方公里，由露出地面的褶皱岩层和移动的沙丘组成。其中最有特色的是干枯了14000多年的蒙哥湖，现在形成了一个长33公里、巨大的新月形白色沙丘，被称为"中国墙"，是欣赏落日的最佳地点。白色的沙丘在夕阳中由黄色变为橘黄色，然后变成深红色，如此壮观的景象、缤纷的色彩，让人不得不感叹大自然的神奇。蒙哥国家公园还有很多古代原住民遗址以及澳大利亚最古老的人类骸骨，这些骸骨周围还有鸭蛋、石器、贝壳、鱼骨等残片。公园内满目荒凉，游客可以在饱经岁月侵蚀的崎岖土地上骑车或徒步，到了晚上，看着夜空里的点点繁星，围坐在篝火旁，会感到放松和自在。

畅游澳大利亚……悉尼其他

TIPS

Cooks Road, Peats Ridge 乘
出租车可达 02-43751222 70
澳元 ★★★★

位于悉尼附近的格兰沃诗谷马场面积广阔，拥有200多匹训练有素的骏马，是澳大利亚最大的开放式骑马中心，已经经营了20多年，并且经过了澳洲马术协会的认证。因此，即使是不会骑马的游客也不必担心，格兰沃诗谷马场会提供专业的骑马教练，不仅能够根据游客的身高体型来为游客挑选马匹，还会全程陪同游客骑马散步，让游客能够尽情享受马背上的悠闲时光。

马场周围环绕着很多高大的树木和大片的草原，游客可以骑着骏马在平坦的草原上驰骋，体验澳洲牛仔的生活。除此之外，马场还会提供马术课程，让游客经过训练就能够掌握华丽的马术技巧。

15 蓝山国家公园
澳大利亚景色最美的国家公园

 赏

　　位于新南威尔士州内的蓝山国家公园属于大蓝山地区，是该地区七座国家公园中景色最美的一座，拥有大面积的原始丛林和亚热带雨林，2000年被列为世界自然遗产。蓝山国家公园风景如画，有许多澳大利亚的国树——尤加利树，多达500种。这里，空气中散发着尤加利树的清香，尤加利树排出的油在太阳的照射下，形成淡淡的蓝色的雾，使整个蓝山都笼罩其中，犹如人间仙境，因此而得名蓝山。蓝山国家公园位于海拔100米到1300米的高原丘陵上，这里的地理环境和气候环境特殊，又经过火山爆发和长年的风雨侵蚀，因此形成了很多奇形怪状的岩石和山峰。在这些山峰中还有很多村落和居民以及特意修建的度假中心，游客能在这里体验不一样的游览经历。

TIPS

⊙Blue Mountains Heritage Centre, End of Govetts Leap Road, Blackheath NSW 2785 🚉悉尼中央火车站12、13号月台乘火车在Glenbrook、Leura、Katoomba等站下 ☎02-47878877 ⭐★★★★★

公鸡餐厅

澳大利亚老字号美味餐厅

位于蓝山国家公园内的公鸡餐厅是一家20世纪70年代开业的老字号美味餐厅，餐厅的建筑大约建于1911年，曾是一家旅馆餐厅，后来虽然经过多次整修，但依然维持着传统装潢，让人感到非常温馨和舒适。餐厅主要以法式料理为主，游客可以在游览公园的自然风光之余，到这里品尝美味的料理。这里的招牌菜是美味的柳橙烤鸭，至今已有30多年历史，鸭肉鲜嫩多汁，搭配上用Cointreau甜酒熬成的酱汁，更是让人回味无穷。

看点
02

国王高地

视野开阔的观景台

蓝山国家公园有很多供游客登高远望、欣赏壮丽美景的地方，位于Burragorang湖附近的国王高地就是其中之一。这里视野辽阔，能够眺望蓝山Jammison和Megalong峡谷的壮美景致。在晴朗的午后来到这里，还能看到蓝山山脉因树脂挥发而带来的蓝色氤氲，充满了梦幻色彩。夜晚还能看到美丽的星空，这里真是观星的好地方，让人印象深刻。

看点
03

三姐妹岩

蓝山国家公园最具代表性的景点

三姐妹岩是蓝山国家公园最具代表性的景点，这里的风光壮美怡人，附近的回声角瞭望台是游客欣赏三姐妹岩美景的最佳地点，在这里还可以欣赏整片蓝山的壮观景致。当地原住民中流传着一段关于这里的传说：在回声角生活着容貌非常美丽的三个姐妹，由于魔王觊觎她们的美貌，所以三姐妹去向法师求助，法师便将她们变为了岩石，等魔王走后再变回来，但法师却被魔王杀害了，因此三姐妹无法还原人形，只能永远伫立在回声角凝望着远方，成了如今的三姐妹岩。

看点 04 劳拉小镇

具有梦幻色彩的山中小镇

劳拉小镇是蓝山国家公园附近的一个具有梦幻色彩的山中小镇，很多前往游览蓝山国家公园的游客都会在这里休息片刻。小镇有很多历史悠久的英式风格建筑、美味的特色餐厅、艺术气息浓厚的艺廊，以及售卖精美独特艺术纪念品的小店，而且每一家店铺的装饰陈设都不相同，拥有自己独特的魅力。在小镇的街道两旁还有很多树木、草丛和盛开的鲜花，色彩艳丽，使小镇充满了童话色彩，让人流连忘返。

看点 05 边界电影院

可以欣赏讲述蓝山地区生态发现的影片

边界电影院至今已有十多年的历史，是来蓝山国家公园观光游玩不能错过的好地方。这里拥有巨大的IMAX屏幕，游客可以观看讲述蓝山地区生态发现的影片，影片中的蓝山景观壮丽、逼真，还有很多近距离拍摄的无人地带，让游客能够看到无法到达的区域的景色，仿佛身临其境。影院还提供中文讲解的耳机，使中国游客能够无障碍地欣赏影片。

16 斯特拉福德薰衣草公园 赏
澳大利亚著名的薰衣草农场

斯特拉福德薰衣草公园是澳大利亚本土规模最大的薰衣草农场之一，拥有超过50个品种的薰衣草，总数达8万株。大片的薰衣草散发着淡淡的香气，一眼望去，一片紫色的海洋，非常美丽。漫步其中，能让人平复浮躁的心情，放松身心，忘却烦恼。游客在这里不仅能够欣赏美景，还可以从农场主人处了解到薰衣草精油的制作过程，或者购买各种薰衣草蜡烛、精油、香包等纪念品。除了薰衣草，这里还有橄榄、各种酱料和甜酒等特产供游客选购。

TIPS

📍Pearsons Lane Wildes Meadow
🚗乘出租车可达　☎02-48851498
✪★★★★★

金巴如游乐园是澳大利亚最受年轻人和儿童欢迎的游乐场之一。这里拥有各种有趣的水上游乐设施和其他游乐设施，到处都充满了欢声笑语。游客在这里能够忘记一切烦恼，尽情享受欢乐时光，就像回到了童年时代。在游乐园旁边还有一座金巴如花场，是一座以制造干燥花为主的大型花场，游客在这里可以了解和选购各种经过自然烘干法制成的干燥花。除了干燥花，这里还有各种由玫瑰、薰衣草等植物制成的精油、乳液、护手霜等美容护肤用品供游客选购。

TIPS

1215 Jamberoo Road, Jamberoo 乘702路公交车至Jamberoo Rd站下 02-42360114 ★★★★

畅游澳大利亚 ⋮ 悉尼其他

18 南天寺 赏
南半球规模最大的中式寺庙

全称佛光山南天寺，位于悉尼南部卧龙岗市伯克利区的南天寺是由星云大师筹款建造。建成于1995年，汇集了东西方文化的精华，意欲成为南半球的天堂而取名为"南天"。南天寺建筑宏伟壮观，是南半球最大的佛教寺庙，它将传统和现代结合起来，不仅有大殿、禅堂、法堂、藏经楼、斋堂等传统建筑，还有大型国际会议厅、讲堂办公室、佛教文物陈列馆、图书馆等现代化建筑。南天寺以星云大师揭示的"以文化弘扬佛法，以教育培养人才，以慈善福利社会，以共修净化人心"为宗旨，开展了丰富多彩的活动。游客在这里不仅能够欣赏到各种艺术文物宝藏，还能参加素食烹饪、书法、民族舞蹈、插花等课程的学习。南天寺促进了东西方宗教、文化、教育的交流。

TIPS

🚩Berkeley Road, Berkeley 🚌乘34路公交车至南天寺站下即达 ☎02-42720600
🕙09:00—17:00 ✪ ★ ★ ★ ★ ★

19 恩纯斯纪念公园

著名的塘鹅观赏地

恩纯斯纪念公园是新南威尔士州著名的塘鹅观赏地。据说很久以前，当地的鱼贩在下午收市后都会将剩下的鱼喂给周围的塘鹅，时间长了，这里就聚集了很多塘鹅，每天下午都会在这里等待喂食。现在，每天都有新鲜活鱼饲喂塘鹅的表演项目供游客欣赏，游客也可以自行购买饲料，在这里等候成群的塘鹅来觅食，如今这已经成了著名的旅游项目之一。一排排塘鹅在饲喂区等待喂食的样子经常让游客捧腹大笑，很多家长还会带着孩子来观赏塘鹅。

 TIPS

Marine Parade, The Entrance, New South Wales 2260　乘16、17、18、21、22、28、29路公交车至Torrens Ar At Coral St站下　02-43335377 ★★★★

20 斯蒂芬斯港

风景如画的天然海港

位于新南威尔士州的斯蒂芬斯港是一处天然海港，风景如画，海水碧蓝纯净，植被茂密，周围有20多个细腻洁白的沙滩，形成了一个天然的游乐场，是澳大利亚的休闲度假胜地之一，被誉为澳大利亚"蓝色海水的天堂"。斯蒂芬斯港是澳大利亚的海豚之都，在附近海域经常能够看到可爱的海豚来回游走。同时这里也是欣赏鲸的好地方，每年鲸迁徙的季节还能看到驼背鲸、南露脊鲸、巨头鲸、伪虎鲸、长须鲸等各个种类的鲸，非常让人期待。除了观光游览，游客在这里还可以品尝新鲜的生蚝等各种海鲜料理，因此吸引了众多游客来这里休闲度假，放松心情。

TIPS

Port Stephens　悉尼中央车站乘斯蒂芬斯巴士可到 02-49806900（斯蒂芬斯港游客中心） ★★★★

畅游澳大利亚 悉尼其他

095

AUSTRALIA GUIDE

畅游澳大利亚 6

堪培拉

　　堪培拉是澳大利亚的首都，享有"天然首都"美誉，全城树木苍翠，四季鲜花不断，风光非常优美。和其他大的城市用许多公园点缀相反，堪培拉恍如一个建在花园里的城市，五彩缤纷，让人感到无比的惬意。

位于伯利格里芬湖畔的澳大利亚图书馆建于20世纪60年代，它是澳大利亚最大的图书馆。一座罗马式的现代建筑，44根"十"字形的白色大理石柱围绕四周，非常宏伟。图书馆内有400万册藏书、10万余种来自世界各地的期刊和报纸，以及地图、照片、影片、珍本等，供读者翻阅。馆内设施十分完善，读者可以通过现代化的检索手段迅速找到自己所需的资料。另外，图书馆还设有展览、商店和咖啡店，让游客在知识的海洋里放松休闲。

TIPS

⊙堪培拉柏加士街 ⊜可乘公交车900路到达 ⊗9:00~21:00 ★★★★

02 国会大厦 赏

世界上最著名的建筑之一

国会大厦是世界上最著名的建筑之一，它位于澳大利亚首都堪培拉市中心，建在国会山顶上，是堪培拉的标志性建筑。国会大厦是一座比较年轻的建筑，它是在1988年澳大利亚建国200周年时建成启用的。一走进堪培拉，远远就能看到一座耀眼的建筑，那就是大厦顶上那根81米高、220吨重的巨型旗杆，上面飘扬着一面长12.8米、宽6.4米的澳大利亚国旗，非常引人注目。

进入国会大厦，便是艺术氛围浓郁的门厅。门厅里有48根青灰色大理石柱子，琢磨光滑的柱体上均匀地分布着像柳叶桉似的竖条花纹，像茂密的森林一般。从顶层的通道上到国会大厦的屋顶，堪培拉的城市风貌便尽收眼底。为方便游客，大厦设有餐厅、商店、急救服务处等设施，显然澳大利亚国会大厦不仅仅是一处政治中心，还成了观光胜地。

 TIPS

🏛 堪培拉国会山顶　🚌 乘1路公交车至国会大厦站下
🕘 9:00～17:00　★ ★ ★ ★

03 伯利格里芬湖
美丽的人工湖

伯利格里芬湖是一个美丽的地方，人们对它的评价很高，如果不去伯利格里芬湖，不看喷射式喷泉，就不能说到过堪培拉。伯利格里芬湖是一座人工湖。湖区辽阔，碧波荡漾，景色十分美丽，这里可供人们游泳、划船和垂钓。伯利格里芬湖最大的看点就是湖中有为纪念库克船长而建造的喷泉，它从湖底喷出的水柱高达137米，站在全城任何地方，都可以看到高大的白色水柱直刺蓝天。水柱四周的水珠和雾粒在阳光的照耀下，闪烁着一道道彩虹，极为壮观。

TIPS

🏛 堪培拉市中心　　🚌 堪培拉市内乘巴士或出租车前往
⭐ ★ ★ ★ ★ ★

04 堪培拉战争纪念馆
历史的纪念地

堪培拉战争纪念馆是为纪念在"二战"中阵亡的澳大利亚战士而精心建造的，这座纪念馆在世界上享有盛誉。如果你有机会从空中俯瞰纪念馆，会发现纪念馆呈十字架形，墨绿色的圆顶肃穆中饱含着和平的气息。走进战争纪念馆参观一番，能了解很多"二战"历史，"二战"展厅里有大量的兵器、被击沉的日本海军微型潜艇、布莱德贝瑞的战机等，这些都成了历史的见证。此外，纪念馆还详细记载了澳大利亚经历的诸多战争，并附有相应的历史照片和珍贵的实物，让人们在了解大利亚历史的同时，激起对历史的反思和对和平的珍惜。

TIPS

🏛堪培拉伯利格里芬湖北岸澳纽军人路　🚌市区乘3、6、8、16、64、72路电车即可到达　🕐10:00～17:00　⭐★ ★ ★ ★ ★

05 澳洲国立美术馆 赏
澳大利亚著名的艺术场馆

澳大利亚首都堪培拉有许多艺术馆，其中尤以澳洲国立美术馆最为著名。澳洲国立美术馆于20世纪80年代建成并对外开放。目前美术馆内收藏了来自澳大利亚土著及陶瑞思海峡地区，以及美国、亚洲、欧洲等多个国家和地区的艺术作品，共有数十万件。这些珍藏品大致可分为三大类：第一类是艺术家的作品，包括版画、木雕、石雕、石板印刷、模版和平面彩画印刷品等。第二类是海报，比如旅行海报记载着澳大利亚各个旅行协会的重大纪事，战争海报记录了两次世界大战及全球各地的大小战事。第三类是所陈列的期刊书籍，包括一些世界著名图书馆所收藏的名著片段和图书的节选等。这些收藏品非常珍贵，一走进澳洲国立美术馆，就能感受到一股浓郁的艺术气息。

TIPS

 堪培拉市中心　　堪培拉市内乘巴士或出租车前往

10:00~17:00　★★★★

联邦公园是堪培拉市民休闲、观光的理想去处，这里风光优美，气候宜人，四季鲜花不断。一年一度的堪培拉花节都会在联邦公园内隆重举行，届时公园热闹非凡。整个公园被鲜花装点得非常迷人，很多游客身临其境，无不流连忘返。

TIPS

🏛堪培拉伯利格里芬湖畔　🚌乘1、2、3、80、160、171、300、725、900路公交车至Commonwealth Av Regetta Point站下　★★★★

07

斯特姆洛山观景台 赏

可以观赏天体景观

斯特姆洛山观景台建于1924年，登上观景台不仅可以一览堪培拉的优美风光，还可以观察天体，因为1938年这里建了第一座望远镜。遗憾的是在2003年，一场大火毁坏了天文台。不过今天这里又新建了一个74英寸（188厘米）的反射太空望远镜，游客可以通过它欣赏天体美景，十分美妙。

TIPS

Western Creek Cotler Road 乘出租车可达 5澳元
9:30~16:30 ★★★★★

黑山澳洲电信塔 赏

堪培拉唯一的电子通信发射基地

黑山澳洲电信塔建在距首都堪培拉市中心5公里处的黑山山顶上，它高195米，设有观景台，可以提供给游人一个360度的观景视角。站在这里，堪培拉的美景一览无余。黑山澳洲电信塔不仅仅是一个对游人开放的观景台，更是澳大利亚首都堪培拉整个城市和周边地区唯一的电子通信发射基地。在电信塔的一楼入口处，有一个大型的展览厅，在那里游客可以模拟体验电信塔在日常生活中是如何发挥作用的。另外，展览厅还有关于黑山澳洲电信塔历史、设计以及建筑等方面的介绍。

TIPS

堪培拉黑山山顶 乘81路公交车至黑山澳洲电信塔站下
9:00~22:00 ★★★★

畅游澳大利亚

堪培拉

09 国家水族馆

堪培拉最好玩的地方之一

　　国家水族馆是堪培拉最好玩的地方之一，游客在这里可观赏到水生和野生动物，大开眼界。水族馆内不仅拥有淡水及咸水的蓄鱼槽，还建有一条容量达100万公升的观光隧道，游客置身其中，仿佛在海底游览一般。此外水族馆内还有野生动物保护区，有树熊、袋鼠、小企鹅和其他野生动物。

TIPS

🏠999 Lady Denman Dr Weston Creek ACT 2611　🚌乘81路公交车至国家水族馆站下即达
☎02-62878400　💰成人10澳元，儿童6澳元
🕐9:00~17:30　⭐★ ★ ★ ★

10 纳玛吉国家公园

赏

适合野外游玩的地方

纳玛吉国家公园于20世纪80年代经过一番修葺后对外开放，公园全年大部分时间被积雪覆盖，但是依然有各种野生动植物。公园内有记载的脊椎类动物就达数百种，此外，还有许多没有记载或频临灭绝的动物种群。公园内的植物多为低矮的森林，但是不乏一些珍贵的树种。纳玛吉国家公园还给游人提供了大量的野外活动和娱乐项目。游客们可以在公园内参加不同的游乐项目，包括野营、野餐、攀岩、蹦极、滑雪、骑马等一系列活动，让游客乐不思归。在园内还能买到不错的旅游纪念品，像书籍、贺卡等，游人可随便挑选。

TIPS

堪培拉西南部纳玛吉山区　从堪培拉包车可达

9:00～16:00　★★★★

AUSTRALIA GUIDE

畅游澳大利亚

⑦

墨尔本

墨尔本是澳大利亚第二大城市，也是世界上最繁华的国际大都市之一，被称为南半球的时尚之都，在服饰、艺术、音乐、电影、舞蹈等文化领域具有重要的影响力，因此被人们冠以"澳大利亚的文化首都"称号。

01 墨尔本市政厅
历史悠久的古建筑

赏

位于墨尔本市中心的墨尔本市政厅具有悠久的历史，建于19世纪末期，至今已有一百三十多年历史，是由当地著名设计师约瑟夫·里德设计的。市政厅建筑秉承了第二帝国的风格，名为王子阿尔弗雷德塔的高耸哥特式尖塔和顶部巨大的铜钟已经成为墨尔本的标志性建筑，整点报时的钟声悠扬婉转，回荡在墨尔本的上空。墨尔本市政厅内部装饰宏伟大气，采用维多利亚风格，一直是各种节日庆典的中心，见证和记录了墨尔本的无数庆典、节日和纪念日等重要时刻。

TIPS

90-120 Swanston Street, Melbourne Victoria 3000 乘1、3、5、6、8、11、16、42、112路电车至Collins St Swanston St站下 03-96589658 ★★★★

02 Grossi Florentino
澳大利亚的百年老店

吃

Grossi Florentino是墨尔本最著名的意大利风味餐厅之一，在整个澳大利亚也具有很高的知名度。这家餐厅开业于19世纪末，至今已有一百多年历史，而且这里的料理也都非常美味，曾多次获得各种美食评比的奖项。餐厅内部装饰精美、典雅，古典的吊灯散发出柔和的光芒，搭配着图案精美的雕花玻璃和墙壁上的宫廷壁画，使整个餐厅充满了豪华的贵族风情。除了意大利菜肴，这里还会提供澳大利亚的特色菜供游客品尝，颇受游客的好评。

TIPS

80 Bourke Street, Melbourne 乘电车在Bourke St.Mall站下 03-96621181 ★★★★

03 联邦广场

墨尔本最大的城市广场

联邦广场是墨尔本最大的城市广场，覆盖了整个内城市区，将墨尔本市中心的商业带与中心的河流连接起来，集艺术、活动、娱乐、休闲、观光等各种功能于一身，被认为是21世纪墨尔本的新象征。广场上的建筑都充满了现代感，其中最具代表性的是由德国宝马汽车公司投资兴建的BMW Edge，整个建筑是一个不规则的几何体，打破了传统建筑的对称思想，让人对建筑产生无限遐想。广场舞台能够容纳15000多人，红砂岩石的地砖艺术图案是由澳洲著名的艺术家卡特·保罗创作的，非常有创意。在广场上游客还能欣赏到精彩的街头艺术表演，街边有很多咖啡馆和餐厅，游客可以品尝当地美味的咖啡和美食。

TIPS

📍Swanston Street, Melbourne Victoria 3000　🚃乘免费环城电车在Flinders St.站下　☎03-96551900　⭐★★★★★

04 维多利亚女王市场
澳大利亚最大的购物中心

逛

位于墨尔本市的维多利亚女王市场是澳大利亚最大、历史最悠久的跳蚤市场，成立于1878年，至今已有130多年的历史。这里也是大洋洲规模最大的露天市场，拥有一千多家摊位，从蔬菜水果、海鲜肉类到服装玩具、精美饰品，从小五金器件到澳大利亚当地特产，应有尽有，而且物美价廉，因此吸引了众多当地居民和海外游客前来采购和参观游览，成为世界闻名的观光景点之一。市场内还有一个大型的美食区，游客在这里可以品尝到具有墨尔本当地特色的美味小吃和世界各地的风味小吃，对于美食爱好者来说是不能错过的好地方。除此之外，维多利亚女王市场仍然保持着传统的建筑风格，周围还有很多维多利亚女王时代的建筑物，现已成为受保护的文物，不得拆除。

TIPS

🏠Peel、Franklin、Victoria、Elizabeth街之间 🚃乘免费电车在Latrobe St.和Queen St.的交叉口下 ☎03-93205822 ⭐★★★★

05 维多利亚国家艺术馆
澳大利亚最古老的公共艺术馆

赏

位于维多利亚艺术中心的维多利亚国家艺术馆是澳大利亚最古老的公共艺术馆，始建于1861年，也是澳大利亚规模最大的艺术馆之一。艺术馆远看像一座城楼，周围环绕着清澈的池水，蓝色的城楼倒映在水中，形成了一道独特的

风景线，玻璃幕墙大门还有水流倾泻而下，像一道瀑布挂在门口，游客进入其中就像进入花果山水帘洞一样，非常有趣。馆内藏品种类丰富，数量繁多，总计七万多件，包括照片、绘画、面料、雕塑、摄影作品和屏风等艺术作品，还有澳大利亚土著民间艺术品，充满了原生态艺术特色，让人赞不绝口。除此之外，这里还会有各种主题展览，让游客得以了解澳大利亚的现代艺术。

TIPS

🏠100 St. Kild Rd., Melbourne 🚃乘1、3、5、6、8、16、72路电车至Arts Centre站下 ☎03-92818000 ⭐★★★★★

墨尔本中央车站
澳大利亚最早的火车站

墨尔本是澳大利亚第二大城市，墨尔本中央车站是澳大利亚最早的火车站，至今已有一百多年的历史，在澳大利亚具有重要的历史意义，现在仍是澳大利亚重要的交通枢纽，每天都有无数旅客从这里经过。中央车站建筑是仿照伦敦圣保罗大教堂建造的，是澳大利亚最具英国古典主义风格的建筑，也一直是墨尔本的标志性建筑。车站外墙采用黄色为主色调，显得高贵典雅，搭配上巨大的深红色玻璃窗框和灰色底部，使车站看上去更加宏伟大气。在车站正门上方还有一个大型的时钟，不仅能报时，还是外来游客调整时差的参照物。

TIPS

🚩Flinders St Melbourne VIC 3000 🚋乘3、5、35、72路有轨电车可到 ⭐★★★★

　　位于墨尔本市中心北部帕克维尔的墨尔本大学是澳大利亚八大名校之一，建于1853年，历史悠久，也是澳大利亚最大最古老的大学之一。校园风景秀丽，充满了浓厚的学术氛围和青春气息，有很多古老的建筑和美丽的花园，也有很多现代建筑，古典的钟楼与现代化的教学楼相映成趣。校园内的南草坪是学生举行休闲娱乐活动的重要场所，草坪上的树木全部种植于钢管中，草坪下面则是停车场。墨尔本大学的图书馆是澳大利亚最大的图书馆之一，藏书数量超过300万册，涵盖了20多个语种，包括图书、报纸、杂志、期刊、国会资料、CD-ROM数据库等。校园内还有壁球场、篮球场、举重训练馆、橄榄球场、曲棍球场等各种体育场馆和设施供学生使用。

TIPS

131 Barry Street, Carlton VIC 3053　乘1、3、5、6、8、64、72路电车至墨尔本大学站下　03-83449995　★★★★★

08 旗杆花园

能够欣赏海湾美景的街区公园

[赏]

旗杆花园是墨尔本市的一个街区公园，位于维多利亚女王市场附近，由于早期的欧洲移民大都埋葬在这里，因此这里原名叫葬礼山。山顶视野开阔，能够看到整个海湾的景色，因此人们就在山顶建造了一座信号塔，当英国的船只靠近海湾时就会升起旗帜来通知当地居民，后来还铸造了一尊加农炮，为重要船只到来而鸣炮致礼。如今的旗杆花园风景秀丽，有茂密的树林、平坦的草坪，在起伏的山丘间还有很多美丽的自然景观，是当地居民休闲放松、野餐郊游的好地方，也是附近都市白领们中午休息、用餐的好地方，天气暖和的时候还可以欣赏到免费的音乐会，非常精彩。

 TIPS

Surrounded by Dudley Street, William Street, La Trobe Street & King Street，Melbourne VIC 3000 乘24、30、35、55路电车至Flagstaff Station站下 03-96589658 ★★★★

09 卡尔顿花园

墨尔本著名的旅游景点之一

墨尔本是澳大利亚第二大城市，也是有"花园之州"之称的维多利亚州首府，具有浓厚的文化气息。卡尔顿花园是墨尔本著名的旅游景点之一，是为1880年到1888年间在墨尔本举办的大型国际展览会而设计的。园内风景秀丽，环境幽雅，拥有很多花草树木和鸟类，使花园充满了生机和活力。除此之外，花园中还有世界闻名的皇家展览馆，融合了拜占庭式和意大利文艺复兴时期的建筑风格，标志性的圆形屋顶是从佛罗伦萨的圣母百花大教堂得到的灵感。皇家展览馆由木头、红砖、钢铁和石板等材料建造而成，气势宏伟、大气，曾举办过多场重要的国际性大型展览活动，其中包括澳大利亚第一届议会和君主立宪的澳大利亚联邦就职仪式，2004年被联合国教科文组织评为世界文化遗产，也是澳大利亚唯一一座被列入《世界文化遗产名录》的古建筑。

11 Nichlson St., Carlton　乘86、95、96路电车至Gertude St Nicholson St站下　03-96589658　6澳元
★★★★★

★ 墨尔本博物馆

澳大利亚最大的现代化博物馆

位于皇家展览馆对面的墨尔本博物馆建于1996年，是澳大利亚最大最具创新精神的博物馆，极具现代化色彩，与古典的皇家展览馆形成了鲜明的对比。博物馆充满前卫科幻色彩的金属框架和巨大的玻璃幕墙，不仅将各个造型独特的个体建筑统和成一个整体，还使馆内获得了更多自然光线。墨尔本博物馆是一座综合型馆场，藏品丰富，包括各种动植物标本以及科技主题展品，其中最壮观的是20米长的蓝鲸骨骼标本和世界上最早的电脑之一——CSIRAC。此外还有很多关于人文的展览，向游客讲述墨尔本从古至今的历史变迁，吸引众多游客前来参观游览。

10 布朗史维克街　🔖逛

墨尔本最独具特色的一条街道

布朗史维克街是墨尔本最独具特色的一条街道，街道两边随处可见各种充满特色的小商铺。在这里游客可以买到各种二手服装、新奇古怪的工艺品、小众的图书、精美的珠宝首饰、复古的饰品和家具等，而且还有很多街头艺人在这里

💬 TIPS

🏠74/76 Freeman St., Fitzroy North Victoria 3068　🚊乘11、12路电车至布朗史维克街站下 ⭐★★★★

进行表演，游客可以边逛街边欣赏街头艺人的表演。这里的茶行、咖啡馆和餐厅也是不能错过的，各种美味佳肴让人回味无穷。到了晚上，街上的酒吧、俱乐部全都活跃起来，色彩斑斓的霓虹灯将这里点缀成一座不夜城，使它充满了梦幻的色彩，因此吸引了众多游客。

费兹罗花园

都市绿洲

位于墨尔本市中心的费兹罗花园是一个难得的都市绿洲，占地26万多平方米，是当地面积最大的公园。公园风景秀丽，环境幽雅，随处可见茂密的树林、宽阔的草坪、色彩艳丽的花朵等。还有各种造型独特的雕像、小湖、喷泉、花房等分布其中，与周围的高楼大厦形成了鲜明的对比，是当地最热门的婚纱照取景地。花园中还设有康乐园和儿童乐园，游客在这里既可以泛舟湖上，享受美好惬意的时光，也可以在岸边垂钓和游泳，因此吸引众多市民和游客到这里放松心情，享受休闲时光。

TIPS

📍位于 Wellington Pde和Claredon之间
🚋乘48、71、75路电车至Lansdowne St 站下 ☎03-94194677 ⭐★★★★

✱ 库克船长小屋

澳大利亚最古老的房屋

库克船长是第一位到达澳大利亚的欧洲船长，可以说是澳大利亚的发现者。这座小屋记录了库克船长的成长历程，是库克船长的父母1755年在英国北约克郡大爱顿建造的，后来由格林威德爵士买下来送给维多利亚州，作为其建州100周年的礼物。这座小屋是澳大利亚最古老的房屋，是从英国拆卸装箱运来后重新组装而成的，内部陈设也都保持了原有的特色，并且展示了库克船长的一些相关资料，供游客了解这位伟大的探险家。

12 Taxi Dining Room

吃

墨尔本最有名气的餐厅之一

位于联邦广场上的Taxi Dining Room餐厅是墨尔本最有名气的餐厅之一，风味独特，结合了澳大利亚菜和日本料理的特点，创立了东西结合的澳大利亚新派菜系，曾在2006年被"The Age Good Guide"评为墨尔本最佳餐厅。而且每道菜的造型都很别致，像一件件艺术品，用料简单，却让人回味无穷。餐厅内的装饰采用未来派的设计风格，明快利落，到处都充满着前卫风格，坐在窗边还能欣赏到美丽的亚拉河岸和联邦广场等景观，让人一边品尝美食，一边欣赏美景，非常悠闲、惬意。

TIPS

 Federation Square, Swanston Street 乘1、3、5、6、8、67、75路电车至Swanston St Flinders St站下 03-96548808 ★★★★

13 拱廊

赏

世界著名的拱廊建筑之一

位于墨尔本市中心的拱廊是世界著名的拱廊建筑之一，始建于1891年，至今已有100多年的历史，是墨尔本市的历史遗产建筑，也是重要的维多利亚时期建筑，带有鲜明的维多利亚时代特色。如今，拱廊经过装修，已经成了一个繁华的购物街，是墨尔本著名的旅游景点之一。马赛克瓷砖的地面、大理石的圆柱以及两侧维多利亚时代的窗棂，使金碧辉煌的拱廊时刻散发着古朴典雅的气息。而且街边还有很多风格独特的建筑和富有历史特色的小店，出售各种时尚饰品、珠宝礼品、皮具、服装、鞋类、化妆品等，将历史和时尚完美地结合在了一起，让喜爱购物的游客流连忘返。

TIPS

335 Bourke Street Mall Melbourne VIC 3000 乘电车在Bourke St. Mall站下  ★★★★★

14 墨尔本水族馆

澳大利亚最大的水族馆之一

赏

位于有"南半球的泰晤士河"之称的亚拉河畔的墨尔本水族馆是澳大利亚最大的水族馆之一，建成于2000年，拥有超过500种、总数达4200只的海洋生物。水族馆将各种珊瑚、贝类等生物放在一个巨型的透明玻璃缸内，让游客能够近距离欣赏这些澳大利亚特有的海洋生物，还有潜水员在玻璃缸内与鱼群共舞的表演。游客在这里也可以亲自下水，在工作人员的陪同下体验与鲨鱼亲密接触的乐趣。水族馆内还有触摸区，让游客可以亲手触摸多种多样的海洋贝类，并设有电子模拟器，让游客能够直观地了解到各种海洋生物的生活习性和环境。其中，最引人注目的是3D海底模拟器，这是一个科普游戏工具，可以让游客变成一条鱼，体验在海底生存的无限乐趣。

TIPS

🚉Cne Flinders St. & King St. 🚌乘免费公共汽车在Immigration Museum站下 ☎03-99235999 💰26.5澳元 ⭐★★★★★

维多利亚艺术中心
墨尔本的地标式建筑

位于墨尔本亚拉河畔的维多利亚艺术中心始建于1973年，是澳大利亚最大的综合性艺术中心，高162米，号称全世界最高的艺术中心。艺术中心外观是一座高耸的尖塔，底部像旋舞的裙子，独特的造型在世界上享有盛誉，也被认为是墨尔本的地标性建筑。当夜晚降临时，高塔能够不断变换颜色，成为墨尔本夜空最灿烂的高柱，吸引众多来自世界各地的游客前来观光，它成了到墨尔本旅游不能错过的景点之一。维多利亚艺术中心由国立美术馆、剧院楼、哈姆音乐厅三大部分组成，是墨尔本大型交响和古典作品演奏会的专用场地。而且，艺术中心内部装饰豪华，有工作人员为参观者进行讲解，游客在这里不仅可以欣赏各种歌剧、舞剧和音乐剧，还可欣赏来自世界各国的精美艺术品展览，陶冶情操。

TIPS

⊙100 St. Kild Rd. Melbourne ⊖乘1、3、5、6、16、67、72路电车至Arts Centre站下 ☎03-92818000
★★★★★

★ 假日集市
墨尔本文艺活动集中地

维多利亚艺术中心的假日集市是墨尔本著名的艺术品销售市场，只在星期天开放，拥有超过150个摊位，商品几乎全部是最精湛的手工制品，无论是品质还是外观都堪称一流。游客在这里可以购买到丝绸、茶叶、古老的万花筒、珠宝首饰、陶瓷、书画作品、手工艺品等各种精美的商品，这些手工制品非常有创意。除此之外，这里还有很多来自各国的街头艺人的表演，因此被称为墨尔本文艺活动的集中地，也是到墨尔本旅游不能错过的好地方。

畅游澳大利亚 · 墨尔本

16 尤利卡塔
全球最高的公寓大厦

墨尔本的尤利卡塔建于2006年，高约300米，共92层，是全球最高的公寓大厦，是以澳洲历史上唯一一次公民反抗运动"尤利卡栅栏事件"为基础建造的。整个大楼造型精美，宏伟大气，充满了现代感，是现代建筑艺术的结晶，底座呈尤利卡之旗的南十字星座形状，而且大楼最高十层的外墙上还镀有黄金，显得非常豪华高贵，象征着当时的淘金热潮。大楼内部采用高科技的照明系统，非常具有创新精神，而且整体效果清晰明亮，与周围的环境和谐融洽。在尤利卡塔一层还设有一台巨大的触屏式终端设备——偶遇奇缘知识桌，这也是世界最大的触控式计算机之一。在这里游客可以根据自己的喜好，查询墨尔本以及维多利亚州的各种旅游信息和图文资料。

 TIPS

⊕7 Riverside Quay, Southbank, VIC 3006 ⊜乘1、3、5、6、16、67、72路电车至Arts Centre站下 ☎03-96938888 ⊚16.5澳元 ❂★★★★★

看点 01 尤利卡天台88

俯瞰墨尔本美景的观景台

　　尤利卡天台88是一座360度的大型观景台，距地面约285米，是俯瞰墨尔本全景和迷人夜景的最佳地点。游客可以乘坐快速电梯迅速到达88层天台，用时不超过40秒钟，近处的墨尔本市区风光和远处的海陆风光都可以尽收眼底。观景台采用LED灯管照明，可以根据游客的视线显现出远处的地标。这里的天花板也会根据外界的天气显示出不同的效果，带给游客全新的视觉体验。

看点 02 悬崖箱

惊险刺激的游览项目

　　悬崖箱是尤利卡天台的一个巨大玻璃箱，是专为勇敢者设计的游览项目，可同时容纳12个人，玻璃包厢可以从大楼中向外推出，让人感觉像站在悬崖上一样。悬崖箱采用钢体结构支撑，能够承受10吨的重量和70公里时速的风力，因此游客完全不必担心它的安全性能。悬崖箱刚推出楼体时周围的玻璃窗都是雾面玻璃，移动停止后，玻璃窗会瞬间变得清晰透明，并伴随着金属摩擦和玻璃爆裂的特效声音，好像整个玻璃包厢就要分崩离析，让游客体验到"命悬一线"的惊悚感觉。

17 墨尔本战争纪念馆
澳大利亚最大的战争纪念建筑

赏

位于墨尔本圣凯达路上的战争纪念馆建于1934年，是为了纪念第一次世界大战中牺牲的维多利亚州战士而建造的，现在被用作纪念所有为国家牺牲的澳大利亚人的纪念馆，也是澳大利亚最大的战争纪念建筑。纪念馆是仿照世界七大奇迹之一的哈里卡纳苏斯摩索拉斯陵墓而建，具有古希腊建筑风格，周围有很多树木环绕，正面刻着古希腊神话中和平女神图案的浮雕，整座建筑古朴典雅，宏伟大气。在纪念馆的右侧是一座高耸的纪念塔，塔的下方是纪念英雄的熊熊圣火。纪念馆内部装饰充满了古希腊色彩，收藏和展示着第二次世界大战的纪念文物以及战士勋章，还有关于介绍澳大利亚在两次世界大战中功绩的资料，让游客对已牺牲的战士进行了解和怀念。除此之

外，每年的澳纽军团日和休战纪念日，政府都会在这里举行纪念仪式，时刻提醒着人们要爱护和平，远离战争。

TIPS
⌂St.Kilda Rd., Kings Dimain ☐乘3、5、6、8、16、67、72路电车至Shrine of Remembrance St Kilde Rd站下 ☎03-96118100 ★★★★★

18 皇冠赌场娱乐中心 逛
墨尔本一流的娱乐场所

位于墨尔本市亚拉河畔的皇冠赌场娱乐中心是一个包含了赌场、四十多家餐厅和咖啡厅、电影院、夜总会等场所的超级豪华旅馆。这里的赌场归澳大利亚首富凯利·派克所有，于1977年开业，如今已经发展成为南半球最大的赌场之一，赌场大厅还会上演精彩的激光音乐秀，带给游客全新的视听感受。娱乐中心的餐厅和咖啡厅也都非常有特色，汇集了世界各地不同风味的美食，分为多个不同档次，满足不同社会阶层游客的需求。娱乐中心的旅馆内部装饰金碧辉煌，大理石地面和镶金边的镜子显得非常奢华，还配有液晶电视，让游客备感尊荣。其中最令人心动的是面对亚拉河的大型落地窗，可将亚拉河畔的美景尽收眼底，到了晚上，更是可以将墨尔本灯火辉煌的夜景一览无余。旅馆门口还有著名的火把游行表演，非常精彩，绝对让人印象深刻。

TIPS

⬡8 Whiteman Street, Southbank ⬡乘环城电车在Flinders St.站下车 ☎03-92928888 ⭐★★★★

19 电车餐厅 吃
世界上第一家设在电车内的高级餐厅

电车餐厅是世界上第一家设在行驶的电车内的高级餐厅，由墨尔本最古老的电车改建而成，是典型的英国殖民地式电车，代表了墨尔本曾经的历史。这辆红色的复古电车一次可容纳36位乘客，所有乘客都要统一在125号电车站集合，再由工作人员带领上车，车上是典雅的欧式风格，让人感觉仿佛穿越了时空，回到了维多利亚年代。电车平稳地运行在墨尔本的各个街道，顾客可以根据餐厅的菜单选择自己喜欢的菜肴，每一道菜肴都是主厨精心设计制作的，不仅美味可口，而且造型精致。顾客可以一边品尝美食，一边欣赏车窗外的各种美景。车上的侍者还会在餐后进行一些表演来带动气氛，让顾客更加享受这次旅程。

TIPS

⬡Tramstop 125, Normaby Road, South Melbourne VIC 3205 ⬡乘96、109、112路电车至Port Ct Whiteman St站下 ☎03-96964000 ⭐★★★★★

20 雅痞街 逛
墨尔本最具时尚气息的繁华街区

位于墨尔本南亚拉区的雅痞街是墨尔本最具时尚气息的繁华街区，是墨尔本流行信息的发祥地，引领着墨尔本的时尚潮流，每一家店铺都有自己的特色。这里汇集了各种世界知名的时尚大牌，例如Collette Dinnigan、Alannah Hill等，还有很多家居饰品店、古董店、艺廊等，体现着墨尔本人对生活质量和居住环境的要求。除此之外，这里还有很多著名的餐厅和咖啡馆，经常能够看到保时捷、法拉利等名车在街边停驻，还有各种俊男美女在街边流连。因此这里是一条既可以欣赏别人，也可以被别人欣赏的街道，吸引着来自世界各地的众多游客。

TIPS

581 Chapel St., South Yarra 3141　乘74、79路电车在Prahran站或South Yarra站下　03-98274139
★★★★★

21 皇家植物园 赏
澳大利亚最早的国家植物园

位于墨尔本市南部的皇家植物园建于1845年，占地面积约0.4平方公里，是澳大利亚最早的国家植物园，也是澳大利亚最好的植物园之一。植物园采用19世纪的园林风格，至今仍保留着一些当时的建筑景观。园内植物种类繁多，不仅有澳大利亚当地的特色植物，还有来自世界各地的几万种植物和花卉。植物园最具特色的是拥有很多澳大利亚和其他国家的知名人士亲手种下的纪念树，这些知名人士包括英国的侦探小说家柯南道尔、维多利亚州总督官拉特罗布、英国女王维多利亚的丈夫艾伯特亲王、澳大利亚著名女歌剧演员内利·梅尔巴、加拿大前总理约翰·乔治迪芬贝克、泰国国王普密蓬等。除了各种植物，游客在这里还可以看到野鸭、天鹅、袋貂等野生动物，真是个让人休闲放松的好地方。

TIPS

Birdwood Avenue, South Yarra　乘8路电车至Domain Rd站下　03-92522300　★★★★

22 南星观景摩天轮

玩

全球第三大摩天轮

位于墨尔本达克兰区Waterfront娱乐中心的南星观景摩天轮，是全球第三大摩天轮，与伦敦眼摩天轮仅相差15米。摩天轮直径长约120米，共有21个观景舱，能够360度全方位地欣赏达克兰区、菲利普港，甚至整个墨尔本的美景，而且舱内设有智能空调，让游客可以舒适自在地欣赏美景。摩天轮底部是一座三层楼高的功能中心，不仅可以让游客直接进入摩天轮，还有咖啡店、小商店、纪念品店等设施，供游客休息、购物。如今，南星观景摩天轮已经成为墨尔本重要的旅游景点之一，不仅是情侣约会的好地方，更是家人、朋友聚会的好地方，吸引了众多国内和国外观光客前来游览和体验。

 TIPS

⊙101 Waterfront Way Docklands VIC 3008, Melbourne ⊜乘免费环城电车或30、31、48、70路电车在Docklands站下 ◎成人32澳元，儿童19澳元
⭐★★★★★

---

23 Lygon Street

逛

一条充满意大利风情的街区

位于墨尔本卡尔顿区的Lygon Street是一条充满意大利风情的街区，与墨尔本动物园和墨尔本博物馆等著名景点相邻，是生活在墨尔本的意大利人的聚居地，被当地人称为"小意大利"。这里汇集了众多意大利风味的餐厅和咖啡

TIPS

⊙Lygon Street, MelbourneVIC ⊜乘1、8路电车在Lygon St.站下 ⭐★★★★★

馆，包括四十多年的老店University Cafe、七十多年的葡萄酒馆Wine Bar，以及自1884年经营至今的King&Godfree食品店等，是美食爱好者的天堂，地道的意大利美食受到食客们的一致好评。据说正是因为这条街上的一家咖啡店引进了意式浓缩咖啡机，才促进了墨尔本咖啡文化的发展，因此Lygon Street成了墨尔本咖啡文化的发源地。街上还有很多古朴的哥特式建筑和文艺复兴式建筑，充满了浓厚的艺术气息。

赏

TIPS

The Elplanade St. Kilda 乘16、96路电车在St. Kilda Beach站下车 ★★★★

　　圣基尔达是距离墨尔本最近的海滨，也是墨尔本最著名的海滩。这里拥有清澈的海水，洁白细腻的沙滩，游客既可以在沙滩上散步、慢跑、晒日光浴、放风筝、垂钓，也可以下海游泳、冲浪，或乘坐摩托艇在海中畅行，不愧是休闲度假、放松心情的好地方。在海滩附近的街道两边还有很多餐厅、酒吧、咖啡馆、夜总会等，到了晚上，这里就会变成一座喧嚣繁华的不夜城，热闹非凡，从而让游客领略到这里的别样魅力。除此之外，墨尔本著名的糕点街也在这里，游客可以品尝到新鲜的犹太蛋糕、东欧风味蛋糕、核桃千层派、新鲜水果布丁等各种美味的糕点。

25

树袋熊保护中心

维多利亚州规模最大的单一动物保护基地

位于菲利普岛的树袋熊保护中心是维多利亚州规模最大的单一动物保护基地，为附近地区生活环境遭到破坏的树袋熊提供了适宜的生活环境和充足的食物，让这些可爱的动物能够继续生存。在这里，游客可以近距离观察到这些毛茸茸的树袋熊栖息在尤加利树上，或坐或卧的姿势和表情都非常可爱，游客还可以与树袋熊亲密接触，从而认识到保护环境的重要性。除此之外，保护中心还会对树袋熊进行野生生存训练，为它们回归大自然做准备。

TIPS

 Phillip Island Tourist Rd.　乘出租车可达　03-59521307　10澳元　★★★★

亚拉河谷

酒庄密集的河谷

TIPS

墨尔本东北40公里　乘出租车可达　03-59622600（景区旅游服务中心）　★★★★

亚拉河是唯——条流经墨尔本市区的河流，"亚拉"出自澳大利亚土著语，意为从山谷中涌出的清泉。位于墨尔本东北郊的亚拉河谷因为拥有丰富的河水、温和的气候条件和充足的阳光，是种植葡萄的好地方，所以成了墨尔本最著名的葡萄园和葡萄酒产地。这里汇集了50多家葡萄酒庄，每一家酒庄都有自己的特色，产出的葡萄酒各具有不同的风味。这里每年都会举行酒食节，届时当地居民会精心挑选最好的葡萄、食品和葡萄酒，来庆祝这个特别的节日。游客在这里除了可以品尝当地的特色美食和不同风味的葡萄酒，还可以在当地的农产品商店中选购一些特产，或者乘坐古老的普芬比利蒸汽火车在蜿蜒崎岖的山谷中穿行，欣赏这里美丽的自然风光和原生态景观。

看点 01 | Yering城堡庄园

复古的庄园式酒店

Yering城堡庄园是一家复古的庄园式酒店，至今已有150多年历史，是亚拉河谷历史最悠久的Yering Station酒庄的一部分。现在这里经过改建，已经成为著名的奢华复古酒店，在保留过去传统氛围的基础上，人们设计建造了36间风格和魅力不同的套房，其中最受欢迎的是用旧马厩改建的Four-Poster Stable Suites。整个庄园都散发着温馨的气氛，雕刻精良的高挑天花板、豪华的水晶吊灯、真实的火炉、实木书架等设施都展现着维多利亚时期的美好时光，让人流连忘返。

看点 02 | De Bortoli酒庄

著名的红酒产地

De Bortoli酒庄是1928年由来自意大利的移民Vittorio De Bortoli夫妇创办的，至今已有80多年历史，这里出产的酒在世界上都享有盛誉，在澳大利亚葡萄酒市场占有很大比重。De Bortoli酒庄的招牌甜酒Noble One非常有特色，带有浓郁的杏桃、柠檬果香和柑橘、蜂蜜甜味，被称为澳大利亚甜酒的代表。除此之外，这里还有各种气泡酒和干红等其他种类的红酒，相信一定能够让游客找到一款钟爱的红酒。酒庄还与著名的奶酪达人Richard Thomas合作，以便让游客能够品尝和购买新鲜的奶酪。

27

Warrook农场

最具澳大利亚风情特色的农场之一

位于墨尔本郊区的Warrook农场是最具澳大利亚风情特色的农场之一，建于19世纪，拥有美丽的花园和广阔的牧场，饲养了数百头牛、羊等动物，周围风景秀丽，每个季节都会变换不同的色彩，美不胜收。游客在这里不仅可以欣赏美丽的澳大利亚田园风光，还可以亲自体验澳大利亚的农民

TIPS

📍4150 South Gippsland Highway,Monomeith 🚗乘出租车可达，或参加观光团前往 ☎03-59971321 💰25澳元
⭐★★★★

生活，参与到喂养小牛小羊、剪羊毛、挤牛奶等活动中，享受其中的乐趣。农场还会提供美味的特色午餐和地道的澳大利亚风味下午茶，让游客感受到当地人的热情好客。农舍内古色古香的家具同样值得欣赏，它充分展现了澳大利亚最淳朴的艺术，因此这里吸引了众多游客前来参观和体验，成了墨尔本著名的景点之一。

28

莱尔钓鱼公园

墨尔本郊外著名的景区之一

位于墨尔本近海菲利普岛的莱尔钓鱼公园是一个集休闲娱乐、度假健身、餐饮美食于一身的旅游景区，是都市中饱受压力的现代人放松减压的好地方。这里是一个人工的热带雨林公园，拥有宽阔的仿自然环境钓鱼池，游客在这里可以

TIPS

📍36 Phyll-New Haven Road, Phillip Island 🚗乘出租车可达 ☎03-59569255 💰6澳元 ⭐★★★

尽情享受垂钓的乐趣。公园的建造者为了让第一次钓鱼的游客也能享受到这种乐趣，又设计了一个室内钓鱼池，周围有水流、岩石、小瀑布等，它模仿热带雨林的生态环境，并在池中放入大量的鱼，只要将鱼饵放入水中，很快就能钓上一条大鱼。而且，游客在这里还能马上品尝到自己的劳动成果，既可以自己将鱼清洗干净后在公园内进行烧烤，也可以交给餐厅的厨师，请他们烹调出美味的料理来食用。

29 冲浪世界博物馆

世界上最大的冲浪博物馆

冲浪运动是一项非常惊险刺激，并具有悠久历史的运动，受到世界各地热爱极限运动的人的追捧。冲浪世界博物馆建于1993年，是世界上最大的冲浪博物馆，具有浓厚的现代气息。博物馆通过各种图像和文字资料，以及实物和影像向游客详细介绍冲浪运动的发展历程，以及澳大利亚的冲浪名人和他们的非凡事迹。馆内还有海洋模拟机，为游客解释和演示冲浪运动的科学原理，让游客能够更加深刻地了解这项运动。馆内展示着从20世纪初期开始至今的130多种冲浪板，其中包括很多独特的造型，还有与冲浪文化有关的物品和模型，以及记录冲浪高手高难度动作的影像片段，让人大开眼界，是冲浪运动爱好者不能错过的好地方。

TIPS

🏠17 The Esplanade, Toruay 🚕乘出租车可达
☎03-52614606 💰9澳元 ⭐★★★★★

30 普芬比利蒸汽火车

澳大利亚现存的最古老的蒸汽火车

普芬比利蒸汽火车是澳大利亚现存的最古老的蒸汽火车，至今已有100多年历史，1975年被改造为观光游览列车，在丹顿农山脉中穿行，铁路全长29公里。游客需要在充满英国乡村小站风情的贝尔格雷火车站等候火车的到来，周围的环境让人感到幽静、恬美。游客乘坐蒸汽火车穿梭在风景如画的丹顿农山脉中，可以欣赏到沿途秀丽的自然风光。漫山遍野的花草树木，色彩艳丽，让人目不暇接。在火车行进过程中，游客可以像孩子一样坐在火车的窗台上，把双脚伸出窗外，在空中摇动，回忆无忧无虑的童年。列车的终点站是翡翠湖，游客可以在湖边散步、烧烤、喂食鹦鹉，也可以参观蒸汽火车博物馆，了解蒸汽火车的发展历史和结构特点。

TIPS

🏠1 Old Monbulr Rd Belgrare vic 3160 🚂乘火车至
Belgrare站下 ☎03-95750700 ⭐★★★★★

31 新码头
充满典雅、幽静的氛围

位于墨尔本西部，由亚拉河口延伸出的旧船坞区经过城市规划和发展成了21世纪墨尔本的中心区域之一，被称为新码头。新码头环绕着美丽的维多利亚港，充满典雅、幽静的氛围，让人内心感到平和。在这里还能看到远处壮观的波特大桥的全貌，因此受到来自世界各地观光客的一致好评。在黄昏时分，漫步在新码头的步道上，看着远方的落日余晖，感受着微凉的海风拂过脸颊，会感到心旷神怡。而且，在新码头附近还有很多不同国家风味的餐厅，为游客提供各种独具特色的美味佳肴。新码头将美食与美景完美地结合在了一起，让游客能够一边欣赏美景，一边品尝美食，尽情享受这座城市的独特魅力。

TIPS

⊙达克兰区 ⊜乘免费环城电车或30、31、48、70路电车在Docklands站下 ★★★★

畅游澳大利亚 · 墨尔本

32 菲利普岛自然公园

被称为维多利亚州的野生动植物天堂

　　位于墨尔本附近的菲利普岛风景秀丽，环境条件好，被称为维多利亚州的野生动植物天堂，因拥有众多野生动植物、美丽的湿地和壮观的海岸线而闻名于世，其中最受游客欢迎的野生动物景观就是企鹅归巢。这里的企鹅是17种企鹅中体型最小的一种，又叫神仙企鹅，身高约33厘米，体重约1公斤，身穿铁蓝色的外套和白色的胸袍，生活在澳大利亚沿海区域。这些小企鹅白天在海中捕食，日落时上岸，因此夜晚成了观赏这种小企鹅的最佳时机。游客在这里可以与这些小企鹅亲密接触，还能了解到有关小企鹅的各种知识，寓教于乐，因此许多家长都会专程带孩子来这里参观。需要注意的是，为了保护这些小企鹅的生存环境，游客在这里不能使用闪光灯，也不能大声喧哗。

 TIPS

　Summerland Beach, Ventnor Phillip Island 　在墨尔本乘坐V-Line路公交车可到 　03-59512800 　20澳元 　★★★★★

33 阿波罗湾

保持着天然风情的海湾

位于维多利亚州南面、奥特威山脉下的阿波罗湾是大洋路的中间站，人烟稀少，充满了原始风情，海岸边还有美丽的潟湖景观，堪称大洋路沿岸潟湖之最。芦苇丛随风飘荡，各种海鸟悠闲地在其间散步，有时还能看到美丽高贵的黑天鹅和白天鹅在嬉戏、玩耍。这片风景秀丽的海湾能够让人浮躁的内心变得平和，非常适合艺术爱好者和摄影爱好者进行写生、取景拍摄。海湾附近的隆恩小镇是个典型的澳大利亚渔村，非常幽静，游客在这里不仅可以品尝到新鲜美味的海鲜料理，还能同村民一起体验捕鱼的乐趣。

 TIPS

🚌在吉郎乘V-line旅游公交车可达 📞03-52376529（景区旅游服务中心） ⭐★★★

34 坎贝尔港

一个与世隔绝的美丽小镇

賞

TIPS

◉Port Campbell 🚕乘出租车可达，或参加旅游团前往 ☎03-55986089（景区游客服务中心）⭐★★★

位于大洋路上的坎贝尔港是一个与世隔绝的美丽小镇，拥有著名的十二使徒岩、伦敦大桥、洛克亚德峡谷、岛湾、马谛亚斯湾等众多景观，因此成了大洋路上最吸引人的地方。这里还有壮观的石灰岩悬崖，绵延40公里，高大陡峭，是摄影爱好者钟爱的自然景观。春天还能在悬崖的步道两旁看到几十种野生花卉和坎贝尔港特有的鸟类，它们为这些如同海上纪念碑般矗立在海中的悬崖和峡谷增添了几分生机、活力，吸引了很多热爱大自然的观光客前来游览。除了各种自然景观，坎贝尔港的街道也非常精致，道路两旁的建筑和商店都非常有特色，还有各种特色餐厅为游客提供新鲜美味的海鲜料理。游客在这里还可以跟随当地渔夫出海钓鱼、潜水，感受当地淳朴的民风和充实的生活。

看点 01 伦敦大桥

天然形成的海岸景观

伦敦大桥原本是一个巨大的石崖，在海浪长时间的冲刷下，形成了两个圆洞，就像一座双孔拱桥，因此被命名为伦敦大桥。20世纪末期，其中一个桥孔在海浪的冲击下坍塌了，剩余的部分继续矗立在海中，形成了现在看到的断桥。这是一个完全依靠自然之力形成的美丽壮观的海岸景观，充分展现了大自然的神奇力量，让人不得不臣服。在海上风浪小的时候，游客还可以登上岩石进行拍照留念。

看点 02 十二使徒岩
历史悠久的石灰岩景观

位于坎贝尔港的十二使徒岩是维多利亚州最著名的景点，由几亿块小骨头堆积而逐渐形成的一系列石灰岩组成，至今已有2000万年的历史，由于数量和形态与耶稣的十二使徒相似，因而被命名为"十二使徒岩"。游客站在岩石峭壁上能够听到悬崖下传来的惊涛拍岸的声音，仿佛是从海底传来的回音，看着周围经过千万年风雨腐蚀的造型各异的石柱，不得不感叹自己的渺小和大自然造化的神奇。这样壮观的景象会让人的心胸也变得宽广起来，因此每年都吸引着来自世界各地的无数游客。

看点 03 洛克亚德峡谷
对海难遇难者的纪念

位于坎贝尔港的洛克亚德峡谷是一片复杂的石灰岩景观，1878年，由于一艘名为"洛克亚德"号的英国移民船在开往墨尔本的途中不幸遇难，只有2人幸存，因此为了纪念这次海难，将这里命名为"洛克亚德峡谷"。游客在这里可以沿着木质栈道前往当时两名幸存者躲避海浪的洞穴进行参观，也可以在附近的墓园为这次海难的遇难者默哀凭吊，还可以乘坐直升飞机，从空中鸟瞰洛克亚德峡谷的壮观景色，这里的海岸在海浪的冲击下形成了一个个U形，从空中看，就像蜿蜒曲折的大峡谷一样。

奥特威山国家公园从Beech Forest延伸到雷尔斯山，奥特威山脉由砂岩和页岩构成，坡度平缓，视野开阔，景色迷人。站在山顶，游客可以看到茂密的森林那深深浅浅的绿中又夹杂着马铃薯田的棕红色，还能看到远处大海的湛蓝色，各种颜色相互映衬，景色美不胜收。在山间的树林里还有一条曲折蜿蜒的森林步道，游客可以沿着步道在树林中穿梭，欣赏周围高耸的白干山梨树、黑檀木、山毛榉等百年老树，从另一个角度了解奥特威山国家公园。步道上还设有展望台，让游客将脚下山林中的壮丽景观尽收眼底，从而感受这片寂静大自然的无限魅力，所以这里很受热爱大自然的游客的欢迎。

TIPS

⌂ Otway Ranges National Park ⊜ 乘出租车可达，或参加旅游团前往 ☎ 03-52359200 ★ ★ ★ ★

36 巴拉腊特野生动物园 赏

被称为"野生动物们的乐园"

　　巴拉腊特是维多利亚州第三大城市，在19世纪50年代的淘金热时得到了迅速发展，曾是著名的淘金地，如今已经发展成为一个繁华的现代都市。巴拉腊特野生动物园建于1985年，是由著名的动物保护人士葛雷格·巴克建立的私人产业，被称为"野生动物们的乐园"，在澳大利亚具有很高的知名度。动物园内树木茂密，充满了浓郁的热带雨林风情，拥有400多种动物，包括考拉、袋鼠、鸸鹋等澳大利亚特有的野生动物，还有各种野生鸟类，以及印度星龟、密西西比短吻鳄等来自其他国家的野生动物。园内还有种类丰富的脊椎爬行动物，其中最引人注目的是一条6米长的大蟒蛇。在这里游客还能够参与到喂食袋鼠的活动中，体验亲自喂养袋鼠的乐趣。

TIPS

⊙Fussell St.与York St.的交叉处　🚌乘出租车可达　☎03-53335933　🕙20澳元　⭐★★★

37 疏芬山 赏

采金矿上的小镇

　　疏芬山是欧洲移民建立的一个矿区小镇，曾是淘金热时期的重要地点，如今被改建成为一个复古的旅游景区，它生动地展示了淘金热时期的小镇风貌。来到这里，仿佛时光倒流，回到了充满喧嚣欲望的19世纪，不仅街道、建筑是过去的样子，就连导游也都穿着当时的服装。游客在这里可以走进街边的19世纪照相馆，穿上当时的服装拍照留念，也可以参观曾经的矿坑，感受淘金的乐趣，或者乘坐马车在街上游览。这里最受欢迎的项目就是在红山溪矿区亲自淘金，不仅能体验到淘金的乐趣，运气好的话还能将淘到的金沙带回家。镇上还建有黄金博物馆，游客可以在这里详细地了解淘金热时期的历史背景及过程。

TIPS

⊙Magpie St.　🚌乘出租车可达　☎03-53311944　🕙37.5澳元　⭐★★★

AUSTRALIA GUIDE

布里斯班

　　布里斯班是澳大利亚第三大城市，也是一座崭新的现代化城市，同时还有"阳光之城"的美称。这里拥有美丽的自然风景和四季如春的气候，是度假、观光、旅游的好地方。

01 布里斯班河

被人们称为 "布里斯班的母亲河"

（赏）

TIPS

🌐Brisbane River 🚢在码头乘游轮
★★★★

位于澳大利亚昆士兰州东南部的布里斯班河发源于布里斯本·库亚尔山脉，经过布里斯班市中心，最终流入波涛汹涌的太平洋，被人们称为"布里斯班的母亲河"。碧波荡漾的河流犹如一条明亮的缎带，飘过城市，为城市增添了几分亮丽的色彩。布里斯班河畔风景如画，在这里漫步能够看到很多城市景观，有平整浓密的草坪、枝繁叶茂的树林、争奇斗艳的各色花朵以及错落有致、设计精美的特色建筑，一派田园风光，充满了诗情画意。布里斯班河上还有众多有名的桥梁，包括乔治爵士桥、伊丽莎白大桥、库克船长大桥、机场大桥、故事桥等，其中最著名的是造型恢宏大气的故事桥，人们每年都会在这里举办攀桥比赛和烟花表演，被认为是这里的标志性建筑。

02 皇后街购物中心

当地最热闹繁华的购物街

（买）

位于布里斯班市中心的皇后街购物中心是这里最热闹繁华的购物街，全长约500米，汇集了500多家各种专卖店、食品店、娱乐场所和三家大型购物商场，其中不乏一些有特色的商铺。在这里，游客不仅可以购买到各大国际知名品牌的商品、当前最流行的时尚潮流服装，欣赏到具有当地特色的各种建筑，还能在一些物美价廉的小商店中买到精美的当地特色商品作为纪念或伴手好礼馈赠亲友，此外还可以品尝到最正宗美味的当地特色小吃，或者在娱乐场中体验到各种刺激好玩的娱乐项目。而且，在街中心还设有布里斯班游客服务中心，为游客提供必要的资料和帮助。

TIPS

🌐Edward Street和George Street之间 🚌乘100、110、115、130、135、160、170、180、200、214、215路公交车至皇后街站下 ★★★★★

03 故事桥
全世界仅存的两座手工建造的大桥之一

故事桥是布里斯班最著名的大桥，建于1940年，几乎所有材料都取自于澳大利亚当地，是全世界仅存的两座手工建造的大桥之一，由设计建造悉尼港大桥的著名设计师Story建造。故事桥采用全钢结构，线条流畅，堪称现代建筑艺术精

TIPS

🏠170 Main Street, Kangaroo Point 🚌乘222、232路巴士在Main Street站下 ⭐★★★★★

品。这里是澳大利亚第二个开放攀爬的大桥，游客可以在专业教练的指导下爬上距离河面80米高的桥顶，在桥顶俯瞰布里斯班河的美丽姿态，还能360度全方位地欣赏布里斯班的繁华景色，真是令人印象深刻，是到布里斯班旅游不容错过的经典项目。

04 布里斯班市政厅 赏
典型的新古典主义派建筑

　　布里斯班市政厅建于1930年，是一座典型的新古典主义派建筑，采用昆士兰州特有的棕黄色砂岩和木材建造而成，气势宏伟壮观。正门前的罗马式圆柱使整个建筑显得更加庄严肃穆，是澳大利亚现存最大最豪华的市政厅，也是澳大利亚宝贵的历史资产，因此被称为"百万市政厅"。布里斯班市政厅内部装饰金碧辉煌，大理石阶梯、马赛克地板、水晶吊灯以及挑高式天花板和墙上的古典壁画，使这里显得高贵而优雅，充满了古典氛围。大厅内有著名雕刻家Daphne Mayo创作的系列雕塑，反映了布里斯班市政厅的建造历史。

 TIPS

Ann & Adelaide Street　乘243、251、261、265、273、302、382路公交车至市政厅站下　07-34036586
★★★★★

✖ 钟塔
布里斯班的标志

　　92米高的钟塔是布里斯班市政厅的标志性景观，仿照意大利威尼斯的圣马可钟塔建造而成，曾是当地最高建筑，采用法国文艺复兴建筑风格。游客在这里可以乘坐古老的钟塔电梯，登上钟塔瞭望台，俯瞰布里斯班市的美丽风光，蜿蜒曲折的布里斯班河景色尽收眼底。钟塔分为四面，每15分钟敲打一次，声音婉转悠扬，与英国议会大钟的声音和敲打方式相同。

市立植物园

布里斯班历史最悠久的植物园

TIPS

📍Alice Street 🚌乘坐免费巴士在植物园站下车 ☎07-34030690 ⭐⭐⭐⭐

　　市立植物园建于1855年，是布里斯班历史最悠久的植物园，曾是用于存放早期欧洲移民带来的谷物的公园，后来被改建成具有实验性的果园和教育中心，主要是为了找到适合新移民食用的热带作物，如今发展成了昆士兰州最大的原生植物收集和保护基地。这座植物园是布里斯班市著名的旅游景点之一，充满独特的热带雨林风情，随处可见巨大的百年榕树等各种各样的热带植物，是当地市民钟爱的休闲放松场所。游客在这里不仅可以欣赏到昆士兰州各种原生植物，还能在植物园咖啡馆中品尝一杯具有当地特色的美味咖啡，或者骑着自行车在园中畅行，感受这里的独特魅力。

畅游澳大利亚

布里斯班

06 昆士兰现代美术馆
澳大利亚最大的现代美术馆

　　昆士兰现代美术馆开馆于2006年，建筑面积25000平方米，是澳大利亚最大的现代美术馆。美术馆是典型的现代主义风格建筑，造型独特，简洁大方，采用有活力、有弹性的木质结构，搭配多层次的帷幕与阳台用于遮挡阳光，主要是为了建筑的户外活动和开放空间。美术馆内主要展示20世纪和21世纪的、来自澳大利亚及亚洲和太平洋地区的现代艺术作品，包括绘画、摄影、电影以及多媒体作品，使游客开阔视野，提高艺术见解和欣赏能力，因此，它也是澳大利亚最具活力的美术馆。除此之外，这里还经常举办各种主题展览和艺术家个人作品展，因而吸引了许多热爱艺术的游客前来参观游览。

Stanley Place, South Bank, Queensland　乘444路公交车至昆士兰现代美术馆站下　07-38407303
★★★★★

07 河岸冒险中心
一项特色旅游项目

　　河岸冒险中心是布里斯班市的一项特色旅游项目，为游客提供多种野外生存技能项目的训练，因而吸引了众多喜爱追寻刺激和冒险的市民与游客前来参与。在这里，游客只要提前报名自己喜爱的课程，就能够前来学习、体验，包括划独木舟、攀岩、绳索下降、有氧运动等课程，其中最受欢迎的是划独木舟。游客在教练的指导下学习完如何操作划桨及在水中如何转弯等技巧后，经过在水中实地练习，完全掌握之后，就可以自己租赁独木舟，在布里斯班河中畅行了，既能体验划独木舟的乐趣，又能欣赏两岸美丽的风光，是到布里斯班旅游非常值得一试的项目。

Clem Jones Promenade　乘234路公交车至Main St at Mt Oliret站下　07-38915766　★★★★★

08 南岸河滨公园 赏
居民休闲放松的好地方

位于布里斯班河南岸的南岸河滨公园曾是1988年万国博览会的会场，在博览会结束后改建成了一座亲水公园，是享受布里斯班亚热带气候的最佳地点，也是当地市民休闲放松的好地方。公园中有大片绿地和茂密的树林，以及一处沙滩洁白细腻、海水湛蓝清澈的人工海滩。游客既可以在草地上野餐、烧烤，又可以在沙滩上晒日光浴、乘坐游艇出海欣赏美景，还可以骑自行车在树林中穿梭，或者在广场上欣赏精彩的街头表演。到了周末，这里有时还会有热闹的假日集市，拥有一百多个摊位，主要出售一些小巧精美的具有当地特色的手工艺品，游客可以在这里选购一些作为纪念品。

TIPS

🏠Stanley Street Plaza, Brisbane Queensland 🚌乘66、100、105、107、110、120、125、130、140、150路公交车至South Bank bus way站下 ☎07-38672051
⭐★★★★★

畅游澳大利亚 | 布里斯班

145

09 新农庄
充满现代化色彩的农庄

位于布里斯班郊外的新农庄是一个充满现代化色彩的农庄，也是布里斯班著名景区，风景秀丽，拥有很多独特的自然景观和人文景观。同时，这里也是著名的City Cat游船线路的起点，游客可以在这里乘坐City Cat游船，沿美丽的布里斯班河游览布里斯班市的美丽风光。新农庄有大片的花田，到了春天，这里就变成了花的海洋，美丽的花瓣随风飘扬，让人陶醉在这神奇的大自然中。到了周末，新农庄有时会有大型的农产品集市，出售一些当地出产的绿色天然食品，受到布里斯班市民和游客的欢迎。

TIPS

🚢乘City Cat在New Farm下船可到 ⭐★★★

10 火力发电厂艺术中心
布里斯班最有名的艺术表演中心

位于布里斯班市的火力发电厂艺术中心是由一个废弃的火力发电厂改建而成，是布里斯班最有名的艺术表演中心。

由于这里的环境不像传统的艺术中心那样高贵、豪华，因此非常适合各种原生态艺术表演和前卫风格的戏剧表演，而且具有良好的互动性，经常有国际知名的团体在这里进行表演，吸引了很多现代艺术爱好者前来观看。

TIPS

📍119 Lamington Street, New Farm QLD 4005 🚢乘City Cat在New Farm下船可到 ☎07-33588622
⭐★★★

11 莫顿岛
世界第三大沙岛

赏

位于澳大利亚昆士兰州东南海岸的莫顿岛是世界第三大沙岛，环境清幽，风景秀美，椰风树影，银沙铺地，是一处美丽的世外桃源，让游客可以远离城市的喧嚣，放松心情。唐格鲁玛海豚度假村是岛上唯一的度假村。莫顿岛常年有海豚栖息，因此又被称为"海豚岛"。每到傍晚时分，成群的海豚在海边跳跃，游客可以给这些野生海豚喂食，并进行一些互动，海豚可爱的动作经常会让游客忍俊不禁。除了海豚，岛上还可以看到鹈鹕等各种海鸟以及鲸等野生海洋动物，是个观赏野生动物的好地方。游客在岛上可以看到当年日本淘金船的残骸等历史遗迹，还可以体验充满刺激的滑沙运动。莫顿岛不仅有美丽的海滩，还有茂密的森林，经常有游客到树林中探险，对于游客而言，这也是一个不错的体验。

TIPS

🚌 在布里斯班乘飞机或渡轮可达 ★★★★★

147

12 龙柏树袋熊动物园 赏
澳大利亚最大的树袋熊保护区

位于布里斯班市郊外的龙柏树袋熊动物园是世界上最古老、品种最多的树袋熊动物园，于1927年开放，也是澳大利亚最大的树袋熊保护区。现在，澳大利亚很多动物园和公园都不允许游客与树袋

熊接触，龙柏树袋熊动物园是少数几个游客可以与树袋熊亲密接触的公园之一。在这里，游客可以与树袋熊玩耍，或抱着树袋熊拍照留念，尽情亲近美丽的大自然。除了可爱的树袋熊，动物园中还有几十种澳大利亚特有的动物和鸟类供游客观赏，包括袋鼠、鸭嘴兽、丁狗等。游客还可以在动物园的草坪上野餐或聚会，放松心情。总之，龙柏树袋熊动物园很受喜欢野外生活的游客的欢迎。

TIPS

📍Jesmond Rd., Fig Tree Pocket Brisbane 🚌搭乘430、445路巴士可达 ☎07-33781366 ★★★★★

13 库莎山 赏
风景秀美的小山

位于布里斯班近郊的库莎山海拔323米，是布里斯班的制高点，也是眺望整个城市美景的最佳场所。山上有茂密的树林和柔软的草坪，零星的野花色彩艳丽，为这里增添了几分生机和活力，游客在登山途中可以尽情地感受这里浓厚的自然气息。到了山顶，游客可以在库塔咖啡屋选一个视野良好的位置，一边品尝美味的咖啡，一边欣赏布里斯班市区和布里斯班河的迷人景色，天气晴朗的时候还能眺望无边的大海。因此，库莎山吸引了众多市民和游客前来登山和观景。

TIPS

📍布里斯班郊区 🚌搭乘471路巴士可达 ★★★★

位于布里斯班市北部的佛迪裘谷原本只是一个普通的住宅区，由于1849年，一艘满载英国移民的移民船——"佛迪裘"号在此登陆，因此得名佛迪裘谷。这里有很多店铺，从街边充满复古色彩的特色精品小店到豪华的大型购物中心，一应俱全，形成了佛迪裘谷独具特色的商圈文化，能够满足各个阶层的购物需求。而且，布里斯班的唐人街就位于佛迪裘谷，是昆士兰州华人华侨最集中的地方，这里还有很多具有中国特色的建筑和餐厅以及中文的招牌和路牌等，让中国游客感到非常亲切。

TIPS

📍Fortitude Valley 🚌乘193、195、196、197路巴士可达 ⭐★★★★★

AUSTRALIA GUIDE

黄金海岸

黄金海岸是一处以滨海沙滩为主题的著名旅游度假胜地，这里终年阳光普照，空气湿润，景色宜人，因此吸引了来自世界各地的旅游爱好者慕名前来。

01

Q1观景台

俯瞰整个黄金海岸

　　位于澳大利亚黄金海岸的Q1大厦高322.5米，位于大厦77层的Q1观景台是欣赏黄金海岸美景的最佳场所。观景台拥有360度的玻璃窗，游客在这里可以将整个黄金海岸的风光尽收眼底，湛蓝的太平洋、遥远的地平线、阵阵的波涛、金黄色的沙滩，以及内陆地区的绿树青山和繁华都市风光，都会让人印象深刻。天气晴朗的时候，游客在这里还能看到布里斯班河拜伦湾的美丽风光，壮观无比的景观绝对会让人大饱眼福。除此之外，这里还设有餐厅和酒吧，游客可以在黄昏时分一边沐浴着美丽无限的夕阳，一边品着美酒，这一定会成为你人生中最美妙的一次体验。

TIPS

📍Surfers Paradise Blvd., Surfers Paradise, Queensland 🚉乘GLKS有轨电车至Surfers Paradise station站下 ☎07-55822700 💰18.5澳元 ⭐★★★★

海港城直销中心

黄金海岸最大的购物中心

　　位于冲浪者天堂北面的海港城直销中心是一个集购物休闲、餐饮娱乐和观光游览于一体的综合性商业区，也是黄金海岸最大的购物中心。这里拥有众多售卖各种流行服饰、衣服配件、运动用品、家居用品、餐具等商品的商店，而且大都是折扣店，非常优惠，其中包括Calvin Klein、Diesel、Levi's、Polo Ralph Lauren等国际品牌，以及Lisa Ho、Scandal、Seduce、David Jones、Fletcher Jones等澳洲品牌。这里的街道设计也非常有特色，采用主题公园的构想进行设计，每一条街道都有一个符合销售主题的设计，让游客能够在高雅的购物氛围中进行购物。街上还有很多供游客休息的露天餐厅和咖啡厅，是品尝当地美味小吃的好地方，同样不容错过。

TIPS

📍Corner Gold Coast Highway & Oxley Drive, aBiggera Waters, Gold Coast 🚉乘Surfside巴士1A可达 ☎07-55291734 ⭐★★★★★

香槟帆船之旅

黄金海岸的著名游览活动

玩

风景优美的Broadwaters内湾是黄金海岸的著名景点之一，也是一个当地富人的聚集区。这里有许多豪宅别墅，码头边停满了私人游艇和帆船。香槟帆船之旅是由一对热爱航海的荷兰夫妇组织的近海游览活动，游客可以乘坐他们的帆船，在海上欣赏美丽的内湾风光和热闹繁华的都市风景。大多数游客会选择黄昏之旅，既可以欣赏到黄昏时分夕阳下壮丽无比的海面，也可以欣赏华灯初上时布满五彩斑斓的霓虹灯的繁华都市。而且，游客在船上还能一边品尝着主人准备的香槟、海鲜料理、沙拉、水果、蛋糕等美食佳酿，一边吹着海风欣赏美景，听帆船主人讲述他们航海时的奇妙经历，从而度过一个充实、有趣的旅程。

 TIPS

◎Marina Mirage, Berth D10, 74 Seaworld Drive, Marina Beach ◎乘704、705路公交车至Seaworld Drat Mariners Core站下 ☎07-55770065 ★★★★★

畅游澳大利亚

黄金海岸

04 冲浪者天堂 玩
冲浪运动的好地方

TIPS

📍4 The Esplanade, Sufers Paradise 🚃乘GLKS有轨电车至Cypress Avenue station站下，或乘700、705路公交车至Areat Palm Arenue站下 ☎07-55922123 ⭐★★★★★

　　濒临太平洋的澳大利亚黄金海岸拥有75公里的美丽海滩，是世界上最长的沙滩海岸，也是世界上最美的十大海滩之一。黄金海岸以美丽的海滩、茂密的热带雨林、世界顶级的娱乐设施和丰富多彩的活动项目而闻名于世，是澳大利亚著名的度假胜地之一，吸引了来自世界各地的无数游客前来休闲度假。著名的冲浪者天堂海滩位于黄金海岸的中心地带，不仅拥有美丽的金色沙滩和清澈的海水，还是世界闻名的冲浪胜地，每年都有很多世界级大型冲浪赛事在这里举行，吸引了无数冲浪爱好者前来体验冲浪的乐趣。除此之外，周围还有很多国际名品商店、购物中心和酒吧、餐厅，游客既可以在此逛街购物，又可以购买各种冲浪用具，还可以在酒吧和餐厅品尝当地的特色小吃，度过一个休闲、惬意的假期。

05 坦莫宁山 赏
黄金海岸的后花园

　　位于黄金海岸内陆地区的坦莫宁山风景秀丽，远离喧嚣的太平洋，拥有大片茂密的树林，充满了自然风情，被称为黄金海岸的后花园。这里也是昆士兰州最早的国家公园，拥有很多亿万年前的古老植物和罕见的鸟类等，吸引了众多喜爱自然的游客前来参观游览，树林中还设有步道，供游客登山和探险。坦莫宁山还被认为是昆士兰州最具浪漫色彩的地方，经常有新婚夫妇来这里蜜月旅行，对于情侣绝对是一次难忘的经历。除了自然生态，这里还充满了艺术气息，山间有很多别致的乡间民宅、葡萄酒庄、艺廊、工艺品店等，游客可以在这里品尝到当地的特色美食和美味的葡萄酒，欣赏和购买各种精美的艺术品，从而度过一段悠闲自在的难忘时光。

TIPS

📍Lot 10 Tamborine Mountain Road, Nourth Tamborine 🚗乘出租车可达 ☎07-55452563 ⭐★★★★★

06 Marina Mirage购物中心 买

集餐饮和购物于一体的大型购物中心

位于Broadwaters内湾的Marina Mirage购物中心是一个集餐饮和购物于一体的大型购物中心，与著名的凡赛斯精品旅馆和喜来登大饭店相邻。这里拥有很多国际知名品牌的店铺和各种服装配饰、纪念品、家具、古董等商店，其中包括Versace、Escade、Hermès、Louis Vuitton、Nautica、Lisa Ho、Dolce & Gabbana等国际品牌和本土品牌，充满了高雅的贵族气息。购物中心设计独特，有各种雕塑、水池和高大的热带树木等，吸引了很多追求生活品位的游客前来参观购物。购物中心内还有多家餐厅和咖啡厅，游客可以在这里休息和品尝当地或世界各地的特色美食，到了晚上，露天餐厅点点灯光摇曳，充满了浪漫氛围，非常受情侣们的欢迎。

TIPS

🏠74 Seaworld Drive, Marina Beach 🚌乘704、705路公交车至Seaworld Drat Sheraton Mirage站下 ☎07-55556400
⭐⭐⭐⭐⭐

07 梦幻世界 玩

澳大利亚最受欢迎的亲子乐园

位于太平洋高速公路旁的梦幻世界是澳大利亚最受欢迎的主题乐园之一，开放于1981年，现在也是澳大利亚最大的主题公园，非常适合全家一起度假旅游。梦幻世界主要由海洋乐园、儿童世界、精灵世界、淘金村、空心岩和老虎岛等区域组成，每个区域都有自己的独特魅力。这里还有轨道滑车、旋转木马、蛇形滑水车、海浪摇滚、摩天轮、恐怖塔等各种供大人和小朋友游玩的娱乐设施，以及各种精彩的现场表演和玩偶表演等，因此受到游客们的欢迎。除此之外，梦幻世界也是一个充满教育意义和保护意义的野生动物园，拥有袋鼠、树袋熊等多种澳大利亚特有的野生动物，游客在欣赏这些动物的同时还能了解它们的生活习性和保护措施。

TIPS

🏠Deramworld Parkway, Coomera, Queensland 🚌乘720、TX1、TX3路公交车至梦幻世界站下 ☎07-55881111 💰69澳元 ⭐⭐⭐⭐

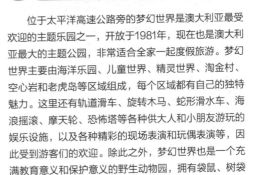

08 海洋世界
澳大利亚最大的海洋生物游乐园

　　位于冲浪者天堂北面的海洋世界是一个以海洋动物为主题的海洋公园，也是澳大利亚最大的海洋公园，与梦幻世界和华纳电影世界一起被称为澳大利亚三大主题公园。海洋世界集休闲娱乐、观光旅游和教育科普于一身，拥有北极熊展馆、企鹅展馆、金钱豹展馆、海豚湾等。游客在这里不仅可以看到鲨鱼、海豚、海狮、北极熊、企鹅、鹈鹕以及各种鱼类等动物，还可以观看精彩的动物表演，或者与饲养员一起下海喂食、训练鲨鱼，与鲸一起在水中畅游，感受海底世界的神奇魅力，相信你一定会流连忘返。夏天，海洋世界还有一系列乐趣无穷的水上游乐项目供游客体验，受到来自世界各地的游客的欢迎。

TIPS

🏠Sea World Dr. Marina Beach, Gold Coast, Queensland 🚌乘704、705路公交车至海洋世界站下 ☎07-55882222 💰69澳元 ⭐★★★★★

华纳电影世界

黄金海岸最著名的主题乐园

华纳电影世界是黄金海岸上一个非常具有特色的主题乐园，充满了梦幻色彩，由美国好莱坞华纳兄弟公司投资建造，里面的建筑都是以著名的电影场景为模板建造的。在这里，游客能够看到很多熟悉的电影场景和经典人物，就像在经典电影世界中穿越。装扮成电影主角的工作人员都非常敬业、认真，无论表情还是动作都模仿得惟妙惟肖，让人仿佛置身于那些电影的情节中，而且游客也可以与这些电影人物进行合影留念。游客在这里还能够了解到电影的编制、电影特技的制作等，或者参与到刺激的游乐项目中，体验心跳加速的感觉。电影世界还安排有精彩的舞蹈表演和音乐剧表演等，让人流连忘返。除此之外，这里还有很多纪念品商店供游客选购，各种电影周边商品和电影中的道具等，应有尽有，例如在"哈利·波特魔法专卖店"中，游客可以买到电影中很多角色使用的魔杖，非常有趣。

TIPS

⊕Pacific Motorway, Oxenford, Gold Coast ⊜乘720、TX1、TX2路公交车至华纳影院世界站下 ☎07-55733999 ◎69澳元

★★★★★

10 雷明顿国家公园 赏

澳大利亚最大的热带雨林公园

TIPS

Binna Burra Road, Beechmont 4211 乘出租车可达
07-55333622 ★★★★★

位于黄金海岸内陆的雷明顿国家公园建于1915年，占地面积约206平方公里，拥有丰富的热带雨林，是澳大利亚最大的热带雨林公园。公园因美丽的自然风光而闻名于世，2007年被列入澳大利亚国家遗产名录。公园犹如一处人间仙境，到处都是古老的参天树木、芬芳的花草、高耸的青山和幽幽的小径。飞流而下的瀑布和五颜六色的小鸟为这片茂密的雨林增添了生机与活力。公园中大小不一的瀑布有500多处，鸟类有200多种，是清晨赏鸟的好地方。到了晚上，游客可以在公园中的林中木屋过夜，欣赏满天繁星，能让人将一切烦恼都抛开。除此之外，游客还可在公园中进行丛林探险、郊游野餐，尽情感受大自然的魅力。

11 木星赌场 娱

昆士兰州第一家合法经营的赌场

美丽的黄金海岸拥有丰富多彩的夜生活，位于冲浪者天堂南面的木星赌场就是其中最具代表性的景点之一，是昆士兰州第一家合法经营的赌场，被认为是黄金海岸的地标之一。木星赌场24小时营业，内部金碧辉煌，非常豪华，还配有高级酒店、酒吧、餐厅、夜总会、购物中心等场所，以及各种表演项目，游客在这里不仅可以试试手气，还可以品尝到美味的小吃，欣赏到精彩的表演。由于木星赌场是印度著名电影工业宝莱坞的成员，因此在这里经常能看到结合了印度风格和百老汇歌舞剧风格的表演，在先进的声光效果配合下，带给游客全新的视觉体验，让人流连忘返。在木星赌场度假村还有一家非常有特色的吸血鬼主题餐厅，服务生的穿着都非常诡异，餐厅的布置也充满了恐怖的氛围，因而受到喜爱追求刺激的游客的欢迎。

TIPS

Broad beach Island, Queensland 乘705路公交车至木星赌场站下 07-55928100 ★★★★★

12 天堂农庄
体验澳大利亚田园风情的地方

TIPS

📍Entertainment Road, Oxenford，Gold Coast 🚌乘720、TX1、TX2路公交车至Wet'n wild站下 ☎07-55738270
⭐★★★★

　　天堂农庄与华纳电影世界和海洋世界相邻，是澳大利亚最具田园风情的地方，这里还原了澳大利亚拓荒时期的传统农业生活情景，游客在这里可以体验到真实的澳大利亚农庄生活和独特的澳大利亚传统文化。这里将澳大利亚最传统的剪羊毛、烹煮比利茶、马术演示、牛仔甩鞭、牧羊犬驱赶羊群、挤牛奶等活动集中起来，以表演的形式向游客展示，供游客体验。游客能够在这里欣赏到传统的澳大利亚住宅建筑，也可以在篝火旁享受澳大利亚特有的篝火铁罐茶和传统松饼。因此，天堂农庄成了澳大利亚最具特色的度假胜地，吸引着来自世界各地的无数游客前来体验。

13 澳野奇观
欣赏牛仔表演的好地方

　　澳野奇观开幕于2006年，是一个欣赏牛仔表演的好地方，这里还原了澳大利亚内陆地区牛仔的乡土生活，让游客能够近距离感受到这种充满传奇色彩的生活方式。这里有可容纳1000名观众的表演场地，风景的幕布、波浪式的金属屋

TIPS

📍Pacific Motorway, Oxenford, Gold Coast 🚌乘公园的专线巴士可达 ☎07-5573399 💰99澳元 ⭐★★★★★

顶、电镀围栏、厚重的原木、旧式的车轮吊灯等场景都真实地反映了澳大利亚风情的大地风貌，让游客仿佛置身于澳大利亚内陆地区传统的剪羊毛木棚。传统的澳大利亚酒吧也非常受游客的欢迎，游客可以在这里一边享用当地特色的饮料，一边聆听牛仔现场演唱的传统曲目。这里最让人激动的活动就是牛仔们的牧场争霸，游客可以为自己支持的牛仔呐喊助威，整个过程精彩绝伦，让人目不转睛，仿佛真的置身于传统的农庄中。

AUSTRALIA GUIDE

凯恩斯

凯恩斯市是昆士兰州北部主要的商业城市，也是澳大利亚重要的旅游城市，其旅游资源丰富，如大堡礁海洋公园、昆士兰热带湿地公园、丹特里热带雨林公园、帕罗尼拉公园等，无一不让人流连忘返。

　　Red Ochre Grill餐厅是凯恩斯最好的餐厅之一，充满了当地特色，受到了当地居民和外来游客的欢迎。餐厅主要供应当地的特色野味，包括新鲜的昆士兰牛肉、袋鼠肉、鳄鱼肉、各种热带水果和海鲜等，而且做法独特，每一道菜肴都有精致的造型，并具有澳大利亚的独特风味，因此吸引了众多喜爱美食的游客前来光顾。餐厅内的装饰也非常具有现代感，为食客们提供一个良好的就餐环境。

TIPS

🏠43 Shields St. Cairns 🚌乘100、101、200、300、400、500路公交车至邮局站下 ☎07-40510100
⭐★★★★

　　位于滨海大道的凯恩斯夜市是当地最有名的旅游景点之一，经过多年的发展，凯恩斯夜市已从临时的、露天的夜市变成了固定、宽敞、带空调的现代化室内大夜市，是了解凯恩斯城市文化生活的好地方。夜市主要售卖印有树袋熊、袋鼠图案的T恤和帽子以及澳大利亚特有动物的玩偶、具有当地土著特色的回力镖、乐器、饰品、服饰等各种各样的澳大利亚纪念品，做工精良，是作为礼物的上佳选择。夜市上除了各种五花八门的纪念品，还有很多当地特色风味的小吃和中式餐点供游客品尝。其中最有名的是各种海鲜料理，食材新鲜，烹饪方法和配料独特，味道鲜美，是喜爱美食的游客不能错过的美味。

TIPS

🏠The Esplanade 🚌乘110、120、130、140、142路公交车至Cairns City Planform 2 站下 ⭐★★★★★

03 滨海大道
凯恩斯最为热闹的街道

TIPS

Cairns，Queensland，Australia　乘出租车可达
★★★★

滨海大道是凯恩斯最热闹的街道，充满了海滨度假地特有的魅力。道路沿着美丽的三一湾延伸，靠海的一侧是一个公园,在园中散步可以欣赏阳光、沙滩、大海所构成的美丽海湾景色，定会心旷神怡，流连忘返。在滨海大道的另一侧是一个商业区，有各种特色工艺品商店、美味的餐厅等，游客可以在这里度过一段悠闲自在的时光。这里还有提供附近旅游介绍和预约的服务中心，为游客提供必要的帮助，非常方便实用。

04 格瑞夫特N艺术中心
凯恩斯的文化艺术中心

赏

格瑞夫特N艺术中心是凯恩斯最大的艺术中心之一，也是一座年轻的公共艺术中心，建筑充满了后现代艺术风格，内部装饰丰富、整洁、现代感十足。这里经常举办非洲鼓敲击、凯波伊拉舞、莎尔莎舞等各种艺术讲习会，还有一些现场音乐演奏和戏剧表演在这里举办，吸引了很多当地和世界各地的艺术爱好者前来学习和欣赏。此举不仅提高了人们的艺术素养，也丰富了人们的日常生活。

TIPS

GraftonSt.No.124　乘110、111、120、130、140、143路公交车至Cairns City Platform 2 站下　07-40514023 ★★★★

05 油槽艺术中心

凯恩斯最好的艺术展示中心

油槽艺术中心是凯恩斯最好的艺术展示中心，在当地也非常有名气，是由三个第二次世界大战时期使用过的油槽改建而成。这里经常上演一些具有后现代风格的艺术表演和先锋舞台艺术表演，还有当地艺术家的作品展览，让游客能够了解到目前艺术的发展。在夏季和秋季每个月的最后一个周日，这里都会有大型假日集市，售卖各种陶器、工艺品、草本植物等，其中很多都是摊主自己动手制作的具有当地特色的精美物件，受到了来自世界各地游客的欢迎。

TIPS

📍Collins Ave. No.46　🚌乘131路公交车至凯恩斯植物园站下车　⭐★★★★

06 海底世界水族馆

海洋生物汇聚的地方

凯恩斯的海底世界水族馆是大堡礁地区著名的旅游景点之一。这里虽然面积不是很大，但却拥有丰富的珊瑚礁海洋生物，堪称大堡礁最精华的展示。水族馆共有1000多种海洋生物，从凶猛的鲨鱼，到温驯的福寿鱼，在这里都能看到。游客在这里还能欣赏到美丽的珊瑚景致，各种软硬珊瑚让游客大开眼界，16种造型独特的特殊珊瑚更是让人印象深刻。除此之外，水族馆每天都有饲养员下水给鲨鱼和其他鱼类喂食，感兴趣的游客可以同工作人员一起下水，与鲨鱼一起潜游，感受奇妙的海底世界。

TIPS

📍Parkyn Parade Mooloolaba QLD 4557　🚌乘600路公交车至Mooloolaba wharf 站下即达　📞07-40411777　💰10澳元　⭐★★★★★

贾普基土著文化公园

感受土著文化的好地方

位于凯恩斯近郊的贾普基土著文化公园是凯恩斯的著名景点之一，由当地原住民贾普基族人亲自经营和管理，是澳大利亚最大的土著企业。公园主要分为神秘天地、创世剧场、历史剧场、贾普基歌舞剧场和传统营地五个部分，为游客提供了参与土著活动和与土著沟通交流的机会。来到文化公园，游客首先进入神秘天地，这是一个多媒体展示厅，主要展出贾普基部落曾使用的石器工具和由杰出艺术家创作的精美壁画；创世剧场每天都会放映关于贾普基古老的传统信仰的动画作品；历史剧场则是放映一些关于土著在现代文明侵入后的遭遇的影片；贾普基歌舞剧场是当地土著的传统歌舞表演场地；在传统营地，游客可以与原住民一起进行掷回力镖、生火、吹奏迪吉里杜管等民俗活动。

TIPS

🏠 Western Arterial Road Caravonica 🚌 在凯恩斯市乘专线巴士可达 ☎ 07-40429900 💲 31澳元 ⭐ ★★★★★

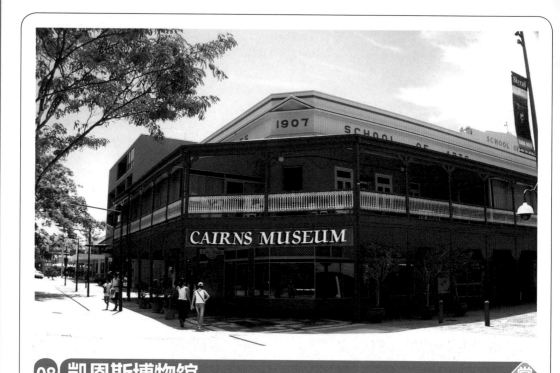

08 凯恩斯博物馆
记录凯恩斯历史的地方

赏

凯恩斯博物馆是澳大利亚北部最大的地方性博物馆，建于1907年，是由一栋充满优雅气息的20世纪初的美术学校建筑改建而成。博物馆完整地呈现了凯恩斯小城从原住民时期受到中国移民的影响，采矿业到农业发展的历史，并通过大量珍贵的历史文物和图片，向游客展示了小城开创的历

TIPS

🚇Lake St.和Shields St.的交叉口处　🚌乘110、111、120、130、140、143、路公交车至Cairns City Platform 2 站下　☎07-40515582　💲5澳元　⭐★★★★

史，是了解凯恩斯早期生活形态的重要地点。在这里，游客可以看到采矿拓荒时期的生活用具、第二次世界大战时的运输工具、复古的火车器材、早期中国移民的照片和建造的寺庙等，是游客到凯恩斯旅游不能错过的景点之一。

09 热气球飞行之旅

全球最适合乘坐热气球的地方

由于凯恩斯的气候、温度和风力都非常适合热气球的飞行，并且拥有专门的热气球飞行线路，因此被称为热气球之乡，吸引了无数来自世界各地的游客前来体验热气球飞行之旅。这里有很多家负责热气球飞行的公司，其中最有名的是Hot Air Ballooning公司，这家公司承诺如果飞行当日因故没有成功，将会在次日再免费为游客安排一次飞行，因此受到游客们的欢迎。游客在这里可以体验到迎着朝阳，随热气球在广阔的天空中翱翔，俯瞰大地、田野及整个凯恩斯美丽风光的畅快感觉，尽情感受心随美景一起飘荡的自由感觉，相信这一体验必定会给人留下深刻的印象。飞行结束后，游客需要协助工作人员进行热气球的收纳工作，将巨大的热气球折起放回袋子，完成后会让人感到非常有成就感。

TIPS

🚌 飞行公司有专车接送　☎ 07-40399900　💲 185澳元
⭐ ★★★★★

畅游澳大利亚 ｜ 凯恩斯

天空之轨

纵览热带雨林的空中路线

位于澳大利亚昆士兰州北部库兰达热带雨林中的天空之轨是世界上最长的缆车，全长7.5公里，途经32个塔台，是凯恩斯的标志之一，也是到凯恩斯旅游不能错过的景点之一。缆车高高地建筑在热带雨林之上，支柱全部采用直升机进行吊装，最大限度地保留了热带雨林的原貌。游客坐在缆车上，仿佛飞行在茂密的热带雨林上方，将巴伦峡国家公园的湖光山色、奇松异石等壮丽美景尽收眼底，让人不得不感叹大自然的伟大和神奇。游客可以在巴伦瀑布站和红岭站进行缆车的换乘，缆车的终点是美丽的小镇——库兰达。这里风景秀美，旅游业非常发达，拥有蝴蝶保护区、手工艺品集市、野生动物园以及原始部落表演等，让游客能够充分体验到澳大利亚的原住民文化。

TIPS

📍 Cnr of Captain Cook Highway and Cairns WAD Western Arterial Road ☎07-40381555 💲58澳元
⭐★★★★★

看点 **01** **卡拉佛尼卡总站**

热带雨林缆车的起点

卡拉佛尼卡总站是游客登上缆车的地方，这里设有很多纪念品和手工艺品商店，游客可以在这里购买具有当地特色的纪念品和手工艺品，作为纪念。这里还有介绍热带雨林相关知识的书籍，让游客能够更好地了解热带雨林，同时也可以作为在缆车上欣赏美景之余的休闲读物。澳大利亚著名的热带雨林保护组织CSIRO还在卡拉佛尼卡总站设有募捐站，号召游客们参与到保护热带雨林的行动中，并对该组织进行捐款。

看点 02 巴伦瀑布站
景色迷人的缆车换乘站

位于美丽的巴伦瀑布旁的缆车换乘站叫做巴伦瀑布站，是整个缆车旅程中景色最迷人的地点。在这里，游客可以看到壮丽的高山绿树、湖泊美

景，还有汹涌的巴伦河倾泻而下，形成美丽的巴伦瀑布，水声隆隆，气势雄伟。在这里还设有3个观景台，供游客欣赏壮观的巴伦瀑布、树林茂密的巴伦峡谷和波涛滚滚的巴伦河，深受很多喜爱自然景观的游客欢迎。

看点 03 红岭站
天空之轨缆车的最高点

红岭站位于海拔545米的小山上，是天空之轨的最高点。游客在这里可以俯瞰整个热带雨林的美丽风光，享受一览众山小的感觉，还可以步行进入茂密的热带雨林中，探索大自然的神秘之处。除此之外，红岭站还有免费的导游为游客提供当地景点的讲解和必要的帮助，对游客来说是非常方便的。

11 热带雨林基地 赏
综合旅游景区

位于库兰达郊区的热带雨林基地是一个集娱乐休闲、观光旅游、民俗度假于一身的综合旅游景区，让游客能够体验到北昆士兰州的风土人情。游客在这里可以乘坐第二次世界大战时期留下来的军用水陆两栖船在热带雨林中穿梭，一边听导游介绍热带雨林的生态环境和特有的植物，一边欣赏沿途具有1.5亿年历史的羊齿科植物、被树林包围的湖泊等自然景观，非常有趣。在土著文化体验区，游客可以欣赏到精彩的土著蛇族传统的舞蹈表演，并与当地土著一起玩乐。除此之外，在野生动物园里，游客还能看到树袋熊、丁狗、鳄鱼、袋鼠等多种澳大利亚特有的动物，而且能与可爱的树袋熊进行紧密接触，合影留念。因此热带雨林基地吸引了许多来自世界各地的游客前来休闲、度假、游览。

TIPS

 Kennedy Highway Kuranda 🚌在凯恩斯乘巴士车可达 ☎07-40993235 💲29澳元 ⭐★★★★★

12 库兰达

藏于热带雨林中的一个小镇

位于凯恩斯市北面的热带雨林中的库兰达小镇最早是当地最重要的交通枢纽，主要用于货物的运输和储存，以及往来人员的住宿，如今已成了著名的旅游胜地。这里的风景非常优美，生长百年的参天大树、飞流直下的瀑布、流水潺潺的小溪，以及道路两旁散发着清香的各种野花，使这里犹如一片与世隔绝的世外桃源，充满了童话色彩，被称为"童话之地"。小镇上有很多不同时代的建筑，都具有自己的独特魅力，让人感觉好像时空发生了交错。这里还有巡江的游轮、百鸟屋、土著歌舞文化展、飞镖训练营等很多引人注目的旅游项目，吸引了来自世界各地的无数游客前来观光旅游。除此之外，游客还可以在这里购买到具有当地特色的花布、瓷器、手工艺品、装饰品等，是个值得游览的好地方。

TIPS

Kuranda, Queensland,Australia 4881　乘火车至库兰达站下　★★★★

✳ 骑马&四轮驱动越野车之旅

凯恩斯的经典旅游项目

凯恩斯附近地区非常空旷，是骑马和驾驶四轮驱动越野车的好地方，其中最著名的地方是位于库兰达附近的Blazing Saddles。在这里，游客可以尽情体验骑马或驾驶四轮驱动越野车的快感。这里还配有专业的教练进行一对一的指导，不论游客是否有过骑马或驾车的经验，都能够在这里玩得非常尽兴和过瘾，还能享受一顿美味的餐点。因此，吸引了众多来自世界各地的游客前来体验。

13 哈德利鳄鱼冒险园

凯恩斯最著名的主题乐园之一

位于凯恩斯以北的哈德利鳄鱼冒险园是凯恩斯最著名的主题乐园之一，拥有数百条鳄鱼，也是北昆士兰州欣赏鳄鱼的最佳地点。除了鳄鱼，这里还有多种蛇类、蜥蜴、树袋熊、袋鼠、食火鸡等澳大利亚特有的野生动物，游客在这里可以观看到给鳄鱼喂食的过程以及各种蛇类和鳄鱼的表演。其中最紧张刺激的是鳄鱼攻击表演，游客坐在看台上观看工作人员徒手给鳄鱼喂食，并与鳄鱼一起玩耍，会感到胆战心惊，不得不为工作人员捏一把汗。除此之外，游客在这里经过工作人员的讲解，能够更加了解鳄鱼等野生动物的生活习性等知识。因此，哈德利鳄鱼冒险园受到世界各地游客的欢迎和好评。

TIPS

🏠Captain Cook Highway, Hartleys Creek 🚗乘出租车可达 ☎07-40553576 💲31澳元 ⭐★★★★

14 澳大利亚蝴蝶保护区

全球最大的蝴蝶保护区

蝴蝶被认为是热带雨林中最神奇的生物，拥有顽强的生命力，而且种类繁多，色彩斑斓，深受人们喜爱。位于被热带雨林包围的库兰达小镇中心的澳大利亚蝴蝶保护区是澳大利亚最大的蝴蝶保护区，拥有1500多种生活在热带雨林中的蝴蝶，在世界上也是首屈一指的。保护区自1987年对外开放至今，已吸引了数百万游客前来参观、游玩。这里的蝴蝶分布比较分散，因此需要游客自己寻找才能欣赏到它们美丽的身影。在这里，游客能够看到各种颜色的蝴蝶，包括蓝色的天堂凤蝶、绿色和黄色的绿鸟翼蝶、红锯蛱蝶、透翅蝶等，其中绿鸟翼蝶是澳大利亚体型最大的蝴蝶。看着五彩缤纷的蝴蝶在雨林中穿梭，感觉仿佛来到了一个充满梦幻色彩的世界，自己也要变成一只美丽的蝴蝶，随风起舞。保护区内还配有专门的导游讲解员为游客介绍蝴蝶的生长、觅食、求偶等知识，让游客能够更加了解这种美丽的生物。

TIPS

🏠8 Rob Vievers Drive, Kuranda 🚆乘火车至库兰达站下 ☎07-40937575
💲16澳元 ⭐★★★★

畅游澳大利亚 | 凯恩斯

171

15 库兰达景观火车

连接库兰达与凯恩斯的火车旅游路线

库兰达景观火车由百年前建造的从库兰达通往凯恩斯的铁路改建而成，当时这段铁路主要是用于开采金矿和木材，如今因为具有深远的历史价值和旅游乐趣而成

了凯恩斯地区著名的旅游景点之一。火车全程行驶34公里，用时90分钟，顺着巴伦河谷向巴伦谷国家公园缓慢前进，沿途可以欣赏到宽阔平坦的甘蔗田、茂密的热带雨林以及繁华的凯恩斯市区等美丽景色，并且会经过15个人工开凿的隧道和多个壮丽的瀑布，其中最为壮观的就是落差高达265米的巴伦瀑布。火车会在巴伦峡谷车站停留一段时间，让游客能够尽情欣赏美丽的巴伦瀑布。想乘坐库兰达景观火车的游客既可以从凯恩斯

TIPS

☎07-40369333 ◎59澳元 ★★★★★

火车站出发，也可以从淡水火车站出发，这两个车站的建筑都具有浓厚的复古风情，非常有情调。景观火车还复原了百年前的豪华黄金车厢，充满了维多利亚风情，让游客体验到百年前优雅的铁路之旅。

TIPS

📍 凯恩斯大堡礁船队码头乘船可到　📞 07-40872100

⭐★★★★★

位于澳大利亚东北部的大堡礁是世界上最大、最长的珊瑚礁区，是世界七大自然景观之一，也是澳大利亚最引以为豪的景观，被称为"透明清澈的海洋野生王国"。大堡礁纵贯澳洲东海岸，全长2011公里，拥有2000多个大大小小的珊瑚礁岛。风平浪静时，游船从珊瑚礁和海岸间通过，船下色彩斑斓、形态各异的珊瑚景色非常迷人，吸引了无数游客前来观光、游览，1981年大堡礁被列入《世界自然遗产名录》。这里生存着400多种不同类型的珊瑚、1000多种鱼类、4000多种软体动物以及200多种鸟类，让来此游玩的游客大饱眼福。游客在这里可以潜入海底，探索神秘的海底世界，与各种珊瑚、海星、海蚌、海参、鱼类等亲密接触，并且可以欣赏到很多鱼类的觅食过程。除此之外，游客还可以在附近的餐厅品尝到美味新鲜的海鲜料理，大饱口福。

看点 01 **珊瑚群**
大堡礁的组成

大堡礁由400多种珊瑚组成，色彩斑斓，千姿百态，有的像雪中的红梅，有的像圆圆的蘑菇，有的像剔透的翡翠，各种形态和颜色让人叹为观止，不得不感叹大自然的神奇。这些珊瑚礁都是由小小的珊瑚虫形成的，珊瑚虫以浮游生物为食，能够分泌出一种碳性物质将一些藻类的残骸和珊瑚虫的骨骼黏合起来，形成珊瑚礁。这里的珊瑚大部分存在水下，退潮时会有一些珊瑚礁露出水面，形成珊瑚岛。游客可以潜入水下，欣赏各种各样、五颜六色的珊瑚礁，以及游荡其中的海洋生物。它们犹如一幅优美的天然艺术图画，让人印象深刻，流连忘返。

看点 02 **乘潜水艇观光**
大堡礁的特色项目之一

大堡礁的水下世界非常丰富多彩，因此乘潜水艇观光就成了大堡礁的特色项目之一。在这里，游客可以乘坐半潜水船在水下穿梭，欣赏美丽的珊瑚礁和色彩艳丽的热带鱼等水下美景。大堡礁还被称为"海洋中的热带雨林"，各种海洋生物在这里也会进行生存竞争。游客可以透过潜水艇的窗户看到这些海洋生物之间的竞争和共存，从而探究大自然及生物进化的奥秘。

海底漫步

欣赏美丽的海底世界

来到大堡礁一定不能错过的就是潜入水下，欣赏美丽的海底世界，但对于不会游泳和潜水的游客，这里同样不会让人失望，大堡礁特色项目海底漫步可以让不会游泳和潜水的游客也能轻松步入海底，享受美妙的海底世界之旅。游客可以在水底与各种海洋生物亲密接触，与周围五颜六色的热带鱼一起在水中游走，好像自己也变成了一条小鱼。水底的美景让人感觉仿佛来到了《海底总动员》中的欢乐世界，看着那些熟悉的场景在眼前展现，感受大自然的奇妙美好，定会乐而忘归。

17 棕榈湾

拥有很多美丽的海滩

凯恩斯是最能体现澳大利亚热带风情的地方，拥有很多美丽的海滩，位于凯恩斯以北的棕榈湾就是其中之一。这里被热带雨林、棕榈树和洁白的沙滩环绕，充满了清幽静谧的气氛，岸边还有很多豪华的酒店和度假村，是一个休闲度假

TIPS

🏠Triton Street, Plam Cove 🚌乘110路公交车至棕榈湾站下 ☎07-40599600 ⭐★★★★

胜地，也是新婚夫妇喜爱的蜜月圣地。这里拥有清澈的海水、柔软的沙滩，游客可以进行各种海上活动和沙滩活动，在椰风树影中放松心情，享受生活。游客也可以走进棕榈湾一望无际的热带雨林，到雨林深处探索大自然的未知世界，这也是一次不错的度假体验。到了晚上，幽静的棕榈湾会变得热闹非凡，游客可以迎着温柔的海风，欣赏迷人的夜景，也可以走进当地的餐厅，品尝具有当地特色的美味料理。

18 但克岛

有名气的岛屿之一

但克岛是大堡礁热带岛屿中最美丽的岛屿之一，也是最有名气的岛屿之一，这里风景秀美，有湛蓝的海水、细腻的沙滩和大片天然的热带雨林，被原住民称为"和平与富饶的岛屿"。现在的但克岛生态环境保存得非常好，热带景观仍然保持原来的样子，岛上大部分地方都属于澳大利亚的国家公园，因而吸引了无数来自世界各地的游客前来游泳、潜水，或探索神秘的热带雨林。岛上的旅馆氛围非常温馨和幽静，设有高尔夫球场、骑马俱乐部、SPA设施等，让游客在欣赏美丽的大海、沙滩和茂密的热带雨林之余，能够放松心情，享受生活，度过一段悠闲、快乐的时光。

Duck Island 乘游船前往 07-40688199 ★★★★★

位于凯恩斯以北的道格拉斯港与澳大利亚两大世界遗产——大堡礁和丹翠雨林相邻，是前往大堡礁的必经之地，也是国际公认的度假胜地，深受人们喜爱。道格拉斯港将海洋、沙漠和热带雨林集于一体，风景秀美，各种生态景观应

TIPS
🏠Port Douglas, State of Queensland, 4877 🚢乘游船前往
⭐★★★★★

有尽有，是一个美丽的人间天堂。在这里游客可以在一望无际的金色沙滩上嬉戏、玩耍、晒日光浴，也可以在湛蓝清澈的海水中潜水、游泳、垂钓、漂流或航海，还可以走进茂密的热带雨林进行丛林探险，探索神秘的大自然，如此丰富多彩的活动使得每一位游客都能找到自己喜爱的一项，在这里度过一段快乐时光。海港所在的小镇上还有很多餐厅、酒吧、咖啡馆和商店，游客同样可以在这些地方品尝当地的美味小吃，购买当地特色的手工艺纪念品，放松心情，消遣时光。

看点01 雨林生物栖息园
模拟的热带雨林环境景区

雨林生物栖息园是一个通过人工方式模拟出来的热带雨林环境景区，拥有140多种生物在这里栖息，虽然没有天然热带雨林的历史悠久，但各种生态景观应有尽有，是个值得一游的好地方。在这里，游客可以看到凶猛的淡水鳄鱼、可爱的树袋熊以及各种珍贵的鸟类，就像在天然热带雨林中穿梭一样。最不能错过的就是在这里享用一次特殊的早餐，餐厅设在鸟类栖息的丛林中，游客可以在各种色彩艳丽的珍稀鸟类的陪伴下用餐，不过也要当心，鸟儿们会来抢走你盘中的食物哦。

看点 02 海洋幻影
道格拉斯港最大的购物中心

海洋幻影是道格拉斯港的一个大型购物中心，也是道格拉斯港最热闹的地方。无论白天还是夜晚，这里都是游人如织，由于这里是前往大堡礁的出发点，因此成了很多游客必到的地方。这里有很多店铺，除了一些常见的商品之外，还有很多贩卖泳装等游泳和潜水装备，以及当地特色纪念品的商店，供游客选购。而且，这里还有很多面对港口的户外餐厅和咖啡厅等，吸引了很多游客来品尝当地特色美食，感受当地生活氛围。

20 格林岛 赏
距离凯恩斯最近的珊瑚礁岛屿

格林岛位于凯恩斯外海，是距离凯恩斯最近的珊瑚礁岛屿，受到很多当地短期游客的欢迎。格林岛也是大堡礁的一部分，由于受到澳大利亚国家海洋公园的保护，这里的生态

TIPS
 在凯恩斯乘船可达 ★ ★★★★★

环境仍旧保持着原始的风貌。格林岛被当地土著称为"狩猎灵魂之地"，是土著举行各种仪式的地方。由于风景秀丽，如今这里已经发展成了集休闲度假和观光游览于一体的综合性旅游景点。在这里，游客不仅可以体验椰风树影的海滩风光，还可以乘坐玻璃船或划独木舟出海，欣赏海上美景，感受原始的生活方式，或者在海底漫步，探索神秘的海底世界，与海洋动物们亲密接触。除此之外，游客也可以选择远离热闹的人群，找一处安静的海滩享受独处的乐趣，或走进茂密的热带雨林，感受大自然的神奇。

AUSTRALIA GUIDE

畅游澳大利亚
⑪

珀斯

　　珀斯是澳大利亚第四大城市，这里四季如春，风光如画，因此在每年的世界最佳居住城市评选中都是名列前茅。珀斯有很多著名的海滩，其范围之大，景色之优美，甚至可以和澳大利亚东岸的黄金海岸媲美。

01 斯特林花园

都市中的休闲花园

位于珀斯市中心的斯特林花园风景秀丽，是当地著名的城市花园，拥有大片平坦的草坪和茂盛的树林，深受当地人的喜爱。为了纪念天鹅谷的第一任长官詹姆斯·斯特林，政府将这片花园起名为斯特林花园。斯特林花园环境清幽，是都市中难得的世外桃源，也是当地市民休闲放松和观光客欣赏珀斯美景的好地方。游客在这里不仅可以看到波光粼粼的湖水、茂盛的树木、柔软的草坪等自然风景，还能看到象征澳大利亚的袋鼠铜像，以及第一任长官詹姆斯·斯特林的铜像。

TIPS

📍33 St. Georges Terrace, Perth WA 6000 🚌搭乘Blue Cat在Town Hall站下 ☎08-94831111 ⭐★★★★

---

02 最高法院花园

环境清幽的都市花园

最高法院花园与斯特林花园相连，也是一个环境清幽的都市花园、城市绿肺，这里空气清新，风景如画，不仅有平坦的草坪和茂盛的树木， 还有露天咖啡馆、美丽的园林景观和小型瀑布景观，因此吸引了众多当地市民和外地游客前来观光游览。花园的草坪也是一个野餐的好地方，在花园附近工作的人们都喜欢在这里吃午餐，吃完后在草地上晒晒太阳，休息一下，或者在花园中散散步，都能够放松心情，缓解压力。

TIPS

📍33 St. Georges Terrace,Perth WA 6000 🚌搭乘Blue Cat在Town Hall站下 ⭐★★★★★

03 北桥

珀斯最有特色的一个街区

逛

　　北桥是珀斯最著名的街区之一，也是珀斯最有特色的一个街区，是珀斯文化和娱乐集中的地区，颇受当地市民和世界各地游客的喜爱，无论白天还是夜晚，这里都吸引了很多游客。白天的北桥是一个艺术氛围浓厚的地方，道路两旁有很多与艺术有关的展馆和商店，其中西澳美术馆为游客展示了当地土著制作的各种艺术品，让人叹为观止，是艺术爱好者不能错过的好地方。到了晚上，北桥就变成了珀斯的夜生活重镇，所有的酒吧和俱乐部都人声鼎沸，热闹非凡，五颜六色的霓虹灯不停地闪烁，俨然一座不夜城，吸引了很多热爱夜生活的市民和游客。除此之外，北桥也是一个各式餐厅的集中地。游客在这里可以品尝到各种风味的美食，包括中国菜、印度菜、希腊菜、埃及菜、泰国菜、越南菜、意大利菜等。喜爱美食的游客能够大饱口福了。

TIPS

Lake St.和James St.的交叉处　搭乘Blue Cat在Museum站下　★★★★★

04 天鹅钟塔

珀斯最大最美的城市雕塑

天鹅钟塔高高耸立在珀斯的巴瑞克广场上，高82.2米，被称为珀斯最大最美的城市雕塑。钟塔是为了庆祝千禧年的到来而建的，现在已成了珀斯的地标性建筑，也是来珀斯旅游最不能错过的景点之一。钟塔是由著名建筑师Hames Sharley设计的，底部采用钢筋混凝土结构，中间是全钢结构，顶部是少见的玻璃结构，整座建筑显得非常高贵优雅。到了夜晚，灯塔会在不同的时间点放出不同的光彩，非常美丽。钟塔内还收藏有来自英国的圣马丁12组原始编钟，是英国送给澳大利亚建国200周年的礼物，每天中午12点，钟塔都会举行敲钟仪式，游客可以听到由钟声组成的美妙的交响乐曲，吸引了无数来自世界各地的游客前来聆听。

TIPS

Barrack Square 🚌搭乘Blue Cat在Barrack St.Jetty站下
☎08-62100444 🎫10澳元 ★★★★★

05 珀斯铸币局

历史悠久的建筑

珀斯铸币局建于1899年，至今已有100多年历史，是当时的英国殖民政府建造的，主要用于为英国铸造金币，是珀斯市最古老的建筑之一，也是澳大利亚现在仍在生产运营的最古老的造币厂。铸币局的所有权在20世纪80年代中期时被交还给澳大利亚政府，现在隶属于西澳大利亚州政府，是专门为国际市场生产纪念币和投资币的专业铸币机构，也是当地著名的旅游景点之一。在这里，游客可以了解到钱币的发展历史，还可以购买到各种特色纪念币，铸币局还可以根据顾客的要求在纪念币上刻字，非常有纪念价值，受到世界各地游客的欢迎。

TIPS

310 Hay Street East Perth 🚌搭乘Red Cat在Perth Mint站下 ☎08-94217233 ★★★★★

06 议会大厦
西澳大利亚州最重要的建筑之一

珀斯议会大厦是西澳大利亚州的政府所在地，包括西澳大利亚州政府议会，是西澳大利亚州最重要的建筑之一。议会大厦始建于1902年，后来经过多次整修和扩建，才形成了如今这座融合了多种建筑风格的宏伟大楼。整座大楼最引人注目的是采用古罗马建筑风格的正门，非常庄严肃穆，门上还有徽章，象征着珀斯地区。感兴趣的游客在这里可以申请旁听，获得批准后就能看到激烈的议会辩论或者精彩的议会演讲。这一点给很多游客留下了深刻印象，吸引了很多来自世界各地的游客。

TIPS

📍Harvest Terr, Perth 6000　🚌乘Red CAT、4路公交车至Hay St Parliament站下　📞08-92227865　⭐★★★★

---

07 伦敦阁
维多利亚式的古典建筑

珀斯作为西澳大利亚州的首府，充满了现代化气息，而在珀斯中心商业区最具现代化的街道Hay Street上，矗立着一座非常古朴典雅的维多利亚式建筑，这就是著名的伦敦阁。伦敦阁是珀斯非常有名气的购物中心，建筑充满了古典气息，内部装饰继承了三岛的传统风格，让游客感觉仿佛置身于古典的英国街道。这里主要售卖一些西澳大利亚地区的纪念品，包括土著制作的精美手工艺品、象征珀斯市的纪念品，以及一些具有当地特色的帽子、香水、明信片等，非常受游客们的欢迎，是到珀斯旅游的游客经常光顾的地方。

TIPS

📍647 Hay Street，Perth，Western Australia 6000　🚌搭乘Blue Cat在Hay Street Mall West站下　⭐★★★★★

西澳美术馆

澳大利亚最大的公共艺术展馆之一

位于珀斯的西澳美术馆是澳大利亚最大的公共艺术展馆之一，也是西澳大利亚州的文化艺术中心，建于1979年，每年都有数十万游客前来参观游览。美术馆建筑造型独特，充满了后现代主义风格，内部装饰也非常精美，是珀斯著名的旅游景点之一。馆内藏品丰富，包括澳洲本土画家的绘画作品以及世界其他国家的绘画作品、雕塑、手工艺品、装饰艺术品等，总计约15500件。馆内还有非常齐全的澳大利亚土著的各种艺术品，其中最引人注目的是著名的澳大利亚土著画家莎莉·摩根的作品，她的作品色彩艳丽，游客可以从中感受到她在用绘画讲述土著的故事。除此之外，美术馆还会定期举办一些国际展览，与其他世界级的文化艺术馆进行交流合作，以促进本国文化艺术的发展。

 TIPS

📍Perth Cultural Centre, Northbridge 🚌搭乘Blue Cat在Museum站下 ☎08-94926600 ⭐★★★★

09

苏比亚克

充满悠闲风情的小镇

位于珀斯近郊的苏比亚克是一个充满悠闲氛围的小镇，非常适合人们放松心情、消磨时光。街道两边有很多大大小小的商店，中间还夹杂着一些环境幽雅的咖啡馆，游客可以在这里逛街购物，也可以在咖啡馆中消磨时光，一边品尝美味的咖啡，一边看窗外人来人往，非常自在惬意。这里的商店都非常有特色，包括一些澳大利亚著名设计师的服装店、充满异国情调的舶来品商店以及一些非常有个性的潮流小店，可以说这里是西澳大利亚地区的流行前线，因此吸引了很多追求时尚的年轻人来这里购物。

 TIPS

📍465 Hay Street, Subiaco 🚂在珀斯火车站搭乘火车，在Subiaco站下 ☎08-93813069 ⭐★★★★

10 芒格湖
珀斯市的一颗明珠

赏

芒格湖是珀斯市著名的旅游景点之一，风景优美，湖的周围围绕着宽阔的草坪和茂密的树林，是当地人休闲放松的好地方。湖面西边有一座人造的鸟类繁殖岛，吸引了许多野生鸟类在这里筑巢捕食，其中包括高贵优雅的野生黑天鹅，因此珀斯又被称为"天鹅之城"。游客在这里既可以看到成群结队的各种飞禽鸟类在湖面上飞翔的壮观景象，也可以看到野生黑天鹅悠闲地在湖面游走或优雅地坐在岸边的有趣景象，它们一点都不怕生。由于野生黑天鹅是非常珍贵的保护动物，并不常见，因此吸引了很多游客前来一睹它们的风采。

TIPS

 Lake Monger 乘15路公交车至芒格湖站下
 ★★★★

位于珀斯市中心西南斯旺天鹅河北岸的国王公园是澳大利亚历史最悠久、最著名的公园之一，占地面积约4平方公里，也是澳大利亚最大的鲜花公园，拥有2500多种奇花异草。国王公园位于伊莉莎山顶，原本是土著举行重要集会的

TIPS

📍King's Park Rd., West Perth 🚌搭乘Red Cat在Havelock Street站下 ☎08-94803659 ⭐★★★★★

场所，如今已成为赏花赏景的好地方，深受当地人民和外来游客的喜爱。每年秋天，公园都会举行野花节，展出永恒蜡菊、袋鼠爪、尤加利花、山龙眼等澳大利亚特有的花卉，以及从其他国家移植来的各种鲜花，弥漫的花香让人沉醉其中。由此公园地势较高，因此成了鸟瞰珀斯市区和天鹅河美景的最佳地点，经常能够看到市民坐在草地上，一边野餐一边欣赏落日美景，非常悠闲。除此之外，公园还会举行交响乐演奏会、电影放映等户外演出供市民和游客欣赏。

看点 01 **州立战争纪念碑**
对战争中牺牲将士的纪念

国王公园内有一座州立战争纪念碑，是为了纪念在第一次世界大战和第二次世界大战中牺牲的澳大利亚将士而建的，也是珀斯的标志性景点之一。纪念碑正面刻有悼念的碑文，上面还有一个巨大的十字架，显得庄严肃穆。纪念碑前面的广场上还有永恒之火，是为了悼念那些为国捐躯而牺牲他乡的亡魂而设计的。

看点 02 | Lotterywest Federation Walkway
国王公园的特色景点

Lotterywest Federation Walkway是国王公园的著名景点，是一条由钢筋和玻璃建成的步道，位于16米高的半空中，让游客能够体验到在树梢上行走的独特感觉。步道全长约200米，在步道上漫步，游客可以欣赏到珀斯市、伊莉莎山悬崖及周围的河流构成的美丽景色，还可以俯瞰高大的桉树林顶部的全景，而且伸手就能抚摸到树木的顶端，体验前所未有的感觉，颇受游客们的欢迎。

12 弗里曼特尔旧监狱 赏
保存较完整的一座旧监狱

弗里曼特尔旧监狱是澳大利亚监狱遗址中最著名的一座，建于19世纪，也是现在保存最完整的一座旧监狱。2010年时被联合国教科文组织列入《世界遗产名录》，是西澳大利亚州第一个被列入《世界遗产名录》的遗址。这座监狱最初用来收押英国流放的罪犯，后来改为澳大利亚的国家监狱，1991年作为历史遗址被关闭，如今已成为著名的旅游景点，吸引了很多游客。在这里，游客可以在身着澳大利亚狱卒服装的工作人员的带领下，走进黑暗的监狱内部进行参观。墙上斑驳的痕迹似乎在诉说这里悠久的历史，

除了狭小的牢房，游客还能看到断头台等血腥恐怖的景点，让人不寒而栗。此外还有惊险刺激的烛光游览，游客在晚上依靠微弱的手电筒灯光游览监狱，挑战自己的胆量。

TIPS

⊙ The Terrace, Fremantle 🚌 搭乘Cat巴士在Fremantle market站下车 ☎ 08-93369200 💰 17.5澳元 ⭐ ★★★★★

13 圆屋
西澳大利亚地区最古老的公共建筑物

位于弗里曼特尔的圆屋建成于1831年，是西澳大利亚地区最古老的公共建筑物，由著名建筑师亨利·利维李设计，也是天鹅河谷地区最早的监狱。圆屋外形呈圆形，全部由石灰石建造而成，非常牢固。这里早期关押的犯人并不多，后来主要用于拘留一些违反宵禁的居民。在圆屋后面曾有一座海港信号站，每天向附近的船只报时，现在则成了一种表演。由于圆屋地势较高，而且濒临印度洋，因此游客在这里可以将市区、港口和印度洋的美景尽收眼底，还可以在旁边的咖啡馆边喝咖啡边欣赏美景，非常悠闲自在。

TIPS

🏠10 Arthur Head, Fremantle 🚌搭乘Cat巴士在Shipweck Gallery站下 ☎08-93366897 ⭐⭐⭐

14 沉船博物馆
独特的船只博物馆

位于弗里曼特尔的沉船博物馆是澳大利亚唯一一家专门收藏17世纪和18世纪荷兰沉船残骸的博物馆，也是当地最著名的博物馆。馆内收藏和展示了当时荷兰东印度公司4艘沉船的残骸和各种资料，这4艘沉船分别是Bataiva、Vergulade Draeck、Zuytdorp和Zeewijk，都是在前往东印度的途中在西澳大利亚州触礁搁浅的。这4艘沉船直到20世纪60年代才开始被发掘和研究，从沉船中打捞出的银币、加农炮、香料、瓷器、布料、丝绸、建材以及航海用具，将当时荷兰人的航海生活重现在了游客眼前，而且博物馆运用先进的多媒体技术，让游客能够身临其境地了解船只的沉没过程，受到了游客们的欢迎。博物馆还根据Bataiva的残骸，将这艘巨大的船只复原，让游客不得不对当时荷兰强盛的国力和先进的造船技术感到钦佩。

TIPS

🏠Cliff St.,Fremantle 🚌搭乘Cat巴士在Shipweck Gallery站下 ☎08-94318444 ⭐⭐⭐⭐⭐

15 卡布奇诺街
弗里曼特尔最著名的街道

逛

来到弗里曼特尔，最不能错过的就是卡布奇诺街，这是弗里曼特尔最著名的街道，也是弗里曼特尔著名的美食天地。这里聚集了各种各样的咖啡店和露天咖啡馆，游客逛累了可以在这里休息一下，品尝美味的咖啡，非常惬意，而且每一家店面都有自己的特色，咖啡也独具风味，能够满足每一位顾客的需求。这里最著名的是一家意大利风味的咖啡馆，名叫Gino's Café，其咖啡曾被评为澳大利亚最好喝的咖啡，因此吸引了很多市民和游客前来品尝，门前经常会排起长队。

TIPS

🚇 Cappuccino Strip 🚌 搭乘Cat巴士在Cappuccino Strip站下 ⭐⭐⭐⭐⭐

16 弗里曼特尔市场
最具代表性的市场

买

弗里曼特尔位于澳大利亚西海岸斯旺（天鹅）河的入海口，是珀斯的重要港口，也是澳大利亚著名的旅游城市，拥有众多著名景点，位于南台街和汉德森街街角处的弗里曼特尔市场就是其中之一。弗里曼特尔市场始建于1897年，至今已有100多年历史，只在周末开放，是当地最繁华的地方之一。市场内汇集了超过150个摊位，商品种类繁多，包括各种精美的手工艺品、时尚服饰、珠宝首饰、日常生活用品、当地土特产以及新鲜蔬菜、水果、食品等，不仅方便了当地居民的日常生活，也是世界各地游客的购物天堂。除此之外，市场内还有很多街头艺人的精彩表演供游客欣赏，街边的酒馆也是游客休闲放松的好地方，还有驻唱艺人为游客带来动听的歌曲。

TIPS

🚇 10 Arthur Head, Fremantle 🚌 搭乘Cat巴士在Shipweck Gallery站下 ☎ 08-93366897 ⭐⭐⭐⭐⭐

AUSTRALIA GUIDE

畅游澳大利亚
⑫

阿德莱德

阿德莱德既是一座非常年轻的城市，也是一座非常美丽的城市，整座城市坐落于托伦斯河岸上，背后风光无限的洛夫蒂岭，把这座城市衬托得更加迷人。围绕在城市四周的是无数著名的葡萄酿酒场，游客在欣赏美景之余，还能品尝一下这里出产的葡萄美酒。

01 蓝道购物城

阿德莱德市最繁华的地区之一

赏

TIPS

📍7 James Place, Adelaide SA 5000
🚃乘有轨电车至蓝道购物城站下 📞08-82037203 ⭐★★★★

位于阿德莱德市中心中央商务区的蓝道购物城建于1976年，是澳大利亚最早的步行街，也是阿德莱德市最繁华的地区之一，引领了阿德莱德的时尚潮流。这里拥有超过600家零售商店，包括各种国际和国内知名品牌的旗舰店，还有大型百货商场、娱乐游乐场以及露天咖啡馆、餐厅和酒吧。游客在这里可以逛街购物，感受澳大利亚的时尚潮流，也可以品尝美食美酒，休闲放松。除此之外，这里还是当地有名的公共表演场所，经常会有各种时尚展览、促销活动以及街头艺人的精彩表演供游客欣赏。同时，这里还有很多文化建筑和设施，包括19世纪的蜂巢之角大楼，以及街边的太妃糖、奥利弗、荷瑞修和奥古斯塔，这四个深受小朋友们欢迎的青铜雕像。

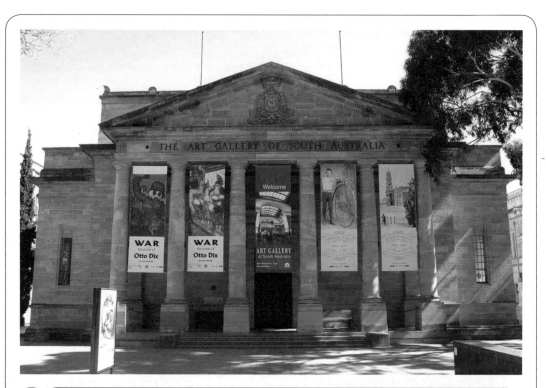

02 南澳大利亚艺术长廊
澳大利亚最好的艺术展馆之一

赏

位于阿德莱德北台文化区的南澳大利亚艺术长廊始建于1881年，是文化区的重要组成部分，与南澳大利亚州立图书馆、南澳大利亚博物馆和阿德莱德大学相邻。艺术长廊藏有众多具有澳大利亚特色的艺术作品，包括风景和历史题材的绘画作品，以及反映澳大利亚生活方式的各种艺术作品，让游客能够全方位地了解澳大利亚的独特文化和生活传统。除此之外，这里还有来自英国和日本的各类艺术作品供游客欣赏，让游客更加了解英国和日本的文化。同时，南澳大利亚艺术长廊也是澳大利亚首屈一指的艺术展馆，每年都吸引了来自世界各地的游客前来参观游览，如今已经成了阿德莱德市著名的旅游景点之一，是到阿德莱德旅游不能错过的好地方。

TIPS

North Terrace, Adelaide SA 5000 　乘公交车至Stop G1 North站下 　08-82077500 　★★★★

03

阿德莱德中央市场

超大型的菜市场

位于阿德莱德市中心的中央市场是一个超大型的菜市场，几乎每天都是人潮涌动，可以说是当地最热闹繁华的地区之一。市场内主要出售各种新鲜水果、蔬菜、干酪、甜点、面包、杂粮、海鲜、肉制品以及有机产品等，各种商品应有尽有，而且物美价廉，吸引了众多市民和游客前来购物。

TIPS

🏠45 Gouger Street, Adelaide SA 5000 🚌乘200、202、203、204、208路公交车至Stop T1 Victoria Sq站下 ☎08-84102222 ⭐★★★★

中央市场历史悠久，至今已有140多年的历史，并且受到当地政府的保护，很多摊位都是世代经营的，是南澳大利亚多元文化的缩影和南澳大利亚移民创业史、奋斗史的折射。走进市场，各种各样的食材都非常新鲜，色泽艳丽，能够带给人们欢愉的心情，市场内浓厚的生活气息和人情味也带给人们非常亲切的感觉。游客在这里不仅可以购买到新鲜的食材，还能品尝到充满当地特色的各种咖啡和料理。所以说这里是喜爱美食的游客不能错过的好地方。

04

"大力水手"号巡航

澳大利亚传统的旅游项目

"大力水手"号巡航是澳大利亚传统的旅游项目，几乎每一个澳大利亚出生的孩子都乘坐过，非常受小朋友的喜爱，并且有助于家庭成员之间的感情培养，是一个适合全家出游的项目。游客乘坐"大力水手"号游船，从Elder公园码

TIPS

🏠King William Road, South Bank of Torrens Lake, Adelaide 5000 🚌在阿德莱德乘巴士可达 ⭐★★★★★

头出发，在波光粼粼的托伦斯河上行驶，游览周边的美景，到达动物园，然后再回到托伦斯河的堤坝处。整个游览过程用时约70分钟，游客可以尽情欣赏河两岸的美丽风光，感受大自然的无限魅力。除此之外，河边的道路从西部海滩延伸到阿德莱德山，非常笔直，是跑步和骑车爱好者们进行锻炼的好地方。

North Terrace, Adelaide 乘170、172
路公交车至Stop 9 Duthy St-East Side站下
★★★★

文化艺术大街又称为北大街，是阿德莱德市最古老的街道之一，可以说这里承载了南澳大利亚的历史。在这里，游客可以看到街道两边茂盛的树木和林立的古老建筑，包括学术气息浓厚的阿德莱德大学、拥有众多本地和国际艺术家优秀艺术作品的南澳大利亚艺术馆、记录了阿德莱德城市发展轨迹的阿德莱德博物馆、造型独特且藏书丰富的州立图书馆，以及拥有通过现代科技手段复原的古物的艺术实验室等。游客在这里可以更加深入地了解阿德莱德以及整个澳大利亚的历史变迁和文化发展，充分感受这里浓厚的文化艺术氛围。文化艺术大街是游客来阿德莱德旅游不能错过的好地方，已成了当地著名的旅游景点，受到来自世界各地游客们的欢迎。

畅游澳大利亚 : 阿德莱德

195

06 阿德莱德之丘 赏
南澳的白葡萄酒之乡

位于阿德莱德市近郊的阿德莱德之丘是澳大利亚面积最大、历史最悠久的葡萄酒产区之一，拥有50多家酒庄。阿德莱德之丘是洛夫蒂岭的一部分，风景秀丽，如今已经成了南澳大利亚著名的旅游景点之一。其海拔较高，天气凉爽，是南澳大利亚最凉爽的葡萄酒产区，主要生产白葡萄酒，该酒口感清爽细腻，非常有特点，受到很多葡萄酒爱好者的欢迎。初秋时节的阿德莱德之丘风景如画，红色的樱桃、苹果，黄色的梨，还有绿色的树叶将这里装点得非常迷人，游客不仅可以欣赏美景，还可以走进果园进行采摘，体验田园乐趣。这里生产的起泡葡萄酒水准也很高，采用传统的酿制方法，是澳大利亚优质香槟酒之一。

TIPS

🏠41 Main St.　🚌乘823路公交车至阿德莱德之丘站下
☎08-83701054　⭐★★★★

看点 01 德国村
澳大利亚最古老的德国移民聚居地

位于阿德莱德之丘的德国村是澳大利亚现存的历史最悠久的德国移民聚居地，至今已有170多年历史。村镇上保留了很多古老的建筑，充满了浓厚的德国风情，是当地有名的旅游景点之一，吸引了众多来自世界各地的游客前来观光度假。这里还有很多德国风味的餐厅和特色商铺、画廊、艺术展馆等，大部分都是由古老的建筑改建而成。游客在这里既可以品尝到美味地道的德国料理，也可以欣赏和购买到各种具有德国风情的艺术品、纪念品等。这些商品非常精美，引人注目。

德国村旅店是德国村最著名的餐厅之一，开业于1963年，主要为游客提供各种德国风味美食，其中最著名的是A Test Of Germany Platter。这道美食主要以德国香肠、德国猪脚、烟熏猪肉以及土豆泥为主食，配以酸白菜和德国蝴蝶结面包，再加上芥末酱，美味可口，让人回味无穷。游客在这里可以一边品尝美味的料理和啤酒，一边聆听欢快的音乐，仿佛置身于巴伐利亚的小酒馆，心情放松，流连忘返。

07 **墨累河船屋**
澳大利亚人休闲度假时首选的旅游方式之一

墨累河位于阿德莱德附近，是澳大利亚最大最长的河流，被称为澳大利亚第一河，它浇灌了两岸无数的果园和菜地，就连南澳大利亚人的饮用水都是取自墨累河，因此，这也是澳大利亚人重要的生命线。而且，墨累河碧波荡漾，穿过砂岩峡谷、红桉礁湖、碧绿的葡萄园，以及一个个充满诗情画意的城镇、乡村，承载了南澳大利亚最美丽的风光。船屋是澳大利亚独特的旅游项目，也是澳大利亚人喜爱的休闲度假方式。租一条船屋与家人朋友一起顺流而下，尽情欣赏两岸的美景，是一种非常美丽的享受。游客在船上不仅可以欣赏美景，还可以钓鱼、游泳、滑水、野餐，尽情陶醉在美丽的大自然中。因此，墨累河船屋吸引了众多来自世界各地的游客前来参观体验，成了南澳大利亚著名的旅游项目之一。

TIPS

⊙3 South Tce ⊙在阿德莱德乘巴士可达 ☎08-85391142
★★★★

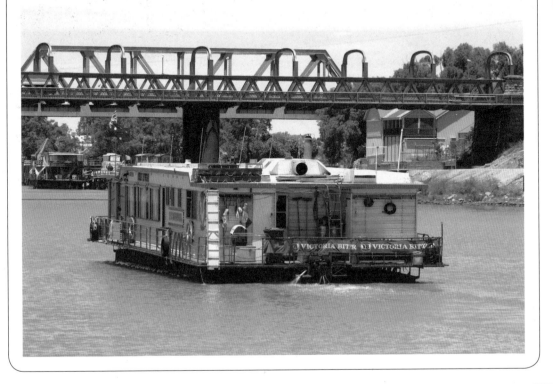

畅游澳大利亚 ┊ 阿德莱德

位于南澳大利亚州圣文森特湾出海口的坎加鲁岛（袋鼠岛）是澳大利亚第三大岛屿，也是著名的自然生态保护区和观光度假胜地。袋鼠岛常年阳光明媚，气候宜人，而且岛上生活着众多野生动物，包括随处可见的袋鼠、鸭嘴兽、憨态可掬的树袋熊、海狮、针鼹、海豹、企鹅等，受到了很多喜爱野生动物的游客的欢迎。岛上还有很多奇花异草供游客观赏，因此这里又被称为"野生动植物的乐园"。除此之外，岛上还有幽静的海滩、崎岖的海岸线，近海处还有很多沉船，游客在这里可以与海狮一起在海滩上晒太阳，也可以享受到潜水、丛林探险等各种户外运动的乐趣。

TIPS

在阿德莱德码头乘船可达 08-85531185 ★★★★★

看点 01 **弗林德斯国家狩猎公园**
袋鼠岛著名的海豹观赏点

位于袋鼠岛的弗林德斯国家狩猎公园是澳大利亚最大的公园之一，也是袋鼠岛上众多国家公园中最有名的一个，是观赏海豹的最佳地点。据说最早发现袋鼠岛的是一位名叫Flinders Chase的英国探险家，为了纪念他的贡献，公园以他的名字来命名。公园中还有一个神奇的地质景观，是已有40多亿年历史的火山熔岩遗迹，如今表面已被风化为形态各异的岩石，让人不得不感叹大自然的奇妙。

看点 02 海豹湾

海狮的栖息地

海豹湾因栖息了众多稀有动物——澳大利亚海狮而闻名于世，澳大利亚海狮总数约为12000头，这里大约有600头。海豹湾广阔的海滩是海狮们的天然卧室，海狮下海捕食完后就会在海滩上休息，为下一次出海养精蓄锐。游客在这里可以在工作人员的带领下穿梭于海狮群中，很多摄影爱好者都会在这时举起相机，捕捉海狮们的每一个精彩瞬间。需要注意的是，海狮虽然很温顺，但如果受到打扰，也会发起攻击，所以游客一定要听从工作人员的指挥。海滩上还有游客服务中心，游客可以在那里了解更多澳大利亚海狮的生活习性，或者寻求其他帮助。

09 巴洛莎河谷 赏

澳大利亚葡萄酒产量最大的酒区

位于南澳大利亚阿德莱德以北的巴洛莎河谷是澳大利亚葡萄酒产量最大的酒区，汇集了众多酒庄和葡萄园，是由德国移民建立的，目前已有超过50家制酒商生产葡萄酒。这里的葡萄酒有很多品牌，每一种都有自己的特色，能够满足游客的不同需求，同时这里的葡萄酒在全世界都是非常畅销的。对于很多慕名前来参观、品尝的游客，酒庄会安排导游为他们讲解每一种葡萄酒的特点和酿造背景，此举吸引了很多葡萄酒爱好者，这里也成了阿德莱德著名的旅游景点之一。

 TIPS

66-68 Murray St., Tanuda 在阿德莱德乘坐班车可达
08-85643022 ★★★★

畅游澳大利亚 | 阿德莱德

AUSTRALIA GUIDE

Australia

畅游澳大利亚

13

霍巴特

霍巴特是澳大利亚塔斯马尼亚州的首府和港口。它的历史非常悠久，是澳大利亚仅次于悉尼的第二古老城市，城市内有许多名胜古迹。

01 议会大厦

有名的人文景观

赏

霍巴特萨拉曼卡区保留了很多19世纪的古老建筑，其中最著名的就是塔斯马尼亚州的议会大厦。这座大厦建于1841年，曾是英国殖民地政府的海关大楼，直到1901年澳大利亚联邦成立后才改为州议会大厦。大厦建筑宏伟壮观，充满了欧式传统建筑特色，外墙呈土红色，古朴典雅，庄严肃穆。内部陈设也都保留了过去的风格，其中部分房间向游客开放，游客可以入内参观，因此吸引了很多对政治和历史感兴趣的游客前来参观游览，了解塔斯马尼亚州的发展历史。

 TIPS

☺ Slalmanca Place　🚌乘44、45、48、51、67路公交车至34 Darey St站下
☎03−62332200　★★★★★

02 萨拉曼卡区
霍巴特最古老的城区之一

逛

　　位于霍巴特市东南的萨拉曼卡区是霍巴特最古老的城区之一，原名为绿茵农舍，由于1812年威灵顿公爵在"萨拉曼卡战役"中取得胜利，而改名为萨拉曼卡区。萨拉曼卡区有

TIPS

📍Slalmanca Place 🚌乘154路公交车可达 ⭐★★★★

很多砂岩建造的建筑，是典型的澳大利亚殖民时期风格的建筑，在19世纪30年代捕鲸产业繁荣的时候曾是霍巴特港的鲸仓库，如今，这些建筑已经被改建成了餐馆、咖啡厅、画廊和工艺品商店。游客在这里不仅可以品尝到当地特色美食，还能买到具有当地特色的各种纪念品，欣赏到当地充满活力和创意的艺术活动。这里还是一个热闹繁华的街区，拥有大片平坦的草坪，霍巴特港的许多民众活动都在这里举行，广场上还铺满了鹅卵石，供人们休闲聚会。

★ 萨拉曼卡集市
霍巴特著名的假日集市

　　每到周六，萨拉曼卡广场上就会汇集大大小小数百个摊位，热闹非凡，形成著名的萨拉曼卡集市，吸引众多当地市民和来自世界各地的游客前来逛街购物。

集市上主要出售各种食品、调料、冰激凌、鲜花以及手工艺品等，其中大部分都是摊主自己制作的，非常有特色。除此之外，集市上还会有很多街头艺人在此卖艺，为游客带来精彩的表演。

03 皇家剧院
澳大利亚最古老的剧院

TIPS

🏠 29 Campbell St. 🚌 乘7、8、9、180、615路公交车至Menzies Centre-Campbell St站下 ☎ 03-62332299
⭐ ★★★★

　　位于萨拉曼卡区的皇家剧院历史悠久，建于1837年，是澳大利亚最古老的剧院，也是当地居民欣赏舞台艺术表演的主要场所，1972年塔斯马尼亚州第一届艺术节就在这里举行。剧院建筑造型古朴典雅，充满了浓厚的艺术气息，大门处的科林斯式石柱为整个建筑增添了几分华丽的感觉。剧院内部装饰金碧辉煌，非常豪华，音响设施也非常先进，效果震撼，为观众营造出一个良好的欣赏艺术作品的环境。皇家剧院为提高当地市民的生活品位和艺术品位作出了重要贡献。

04 霍巴特市政厅
霍巴特的政治中心

　　霍巴特市政厅建于19世纪中期，是霍巴特的政治中心，如今也是当地著名的旅游景点之一。市政厅内有可容纳300人的大会堂，庄严肃穆，是举行各种大型庆典仪式和会议的场所，有时也会举办婚宴、主题展览和音乐会等。到了周末，这里还会举办水仙花展、郁金香花展等各种花卉展览，五颜六色的鲜花吸引了众多市民和游客前来参观游览，这片鲜花的海洋能够让人放松心情，沉醉其中。

TIPS

🏠 50 Macquarie St. 🚌 乘45、48、49、55、154、665、888路公交车至Hobart City Franklin Sq站下 ☎ 03-62382711 ⭐ ★★★★

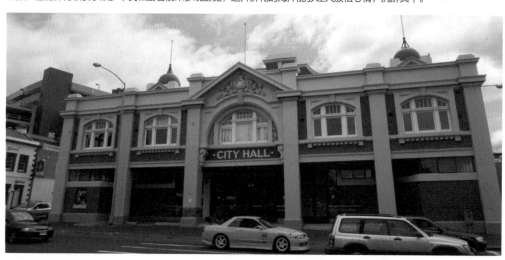

05 霍巴特
保留了很多维多利亚时代的古建筑

赏

TIPS
🌐Hobart, Tasmania 🚃乘火车至霍巴特站下 ⭐★★★★

　　霍巴特位于塔斯马尼亚东南的德文特河口，是澳大利亚塔斯马尼亚州的首府，也是其金融和行政中心，建城于1803年，是仅次于悉尼的澳大利亚第二古老的城市，也是世界闻名的港口城市。19世纪中期，这里曾是澳大利亚主要的捕鲸港和造船工业中心，也是世界各地远洋船队的补给站。现在的霍巴特城区中保留了很多维多利亚时代的古建筑，已经成了塔斯马尼亚州著名的旅游城市，漫步其中，让游客感觉仿佛置身于一个美丽的英国小镇，还拥有著名的铁壶灯塔等众多港口景观，吸引了来自世界各地的许多游客前来观光游览。游客在这里还可以乘坐游艇出海，感受一望无际的大海的美丽风光，或者欣赏壮丽无比的海上落日，度过一段美丽惬意的旅游时光。

✳ 铁壶灯塔
澳大利亚最古老的灯塔

　　位于霍巴特港外海礁石上的铁壶灯塔建于1833年，是澳大利亚最古老的灯塔，结构非常坚固，能够抵御狂风巨浪的袭击，它见证了霍巴特港的风风雨雨和历史变迁。灯塔主要是为进出霍巴特港的船只提供导航，在南太平洋地区非常有名，如今已经成为霍巴特港著名的旅游景点，吸引了来自世界各地的游客前来合影留念。

威灵顿山

霍巴特市的制高点

赏

位于霍巴特西部的威灵顿山海拔1279米，是澳大利亚的南天第一峰，而且交通便利。如果没有积雪，游客可以开车直达山顶，它是俯瞰整个霍巴特市区和远眺南极洲的最佳地点。山顶上有很多造型各异的石堆，游客站在山顶能够将霍巴特的城区美景尽收眼底，有一种"一览众山小"的感觉，令心胸变得宽广。山上还有很多自然景观，每个季节景观都是独特的，而且从山脚到山顶的气候也不相同，从温带到寒带，因此吸引了众多游客，是到霍巴特旅游必到的景点之一。

TIPS

🚌可以乘威灵顿山巡回巴士前往，或乘48、49路巴士在半山下车，徒步上山 ☎04-08341804 ◎25澳元 ★★★★★

07 阿瑟港
休闲度假的好地方

赏

位于塔斯曼半岛南端的阿瑟港是澳大利亚塔斯尼亚州的一个小镇，塔斯曼半岛自然景观丰富，风景秀丽，是休闲度假的好地方。阿瑟港三面环海，唯一与大陆连通的是北部一条仅有100米宽的鹰颈峡，因此成了罪犯的流放地，并因此而闻名于世。阿瑟港被称为"鬼城"，在澳大利亚一直是黑暗、野蛮和可怕的代名词，阴森恐怖的监狱中悬挂了很多图片和资料，向游客讲述当时罪犯服刑时的情况，游客在这里还可以参观到不见天日的黑暗囚室。监狱还设有博物馆，用来展示皮鞭、锁链等刑具，让游客能感受到当年监狱看护人员对犯人惩罚和管制的严苛。除此之外，游客在这里还可以参加恐怖的"鬼之旅"，到流传着各种灵异传说的监狱中进行探秘，挑战自己的胆量。

TIPS

🏠Port Arthur Historic Site 🚢乘游船前往 ☎03-62512353
💰25澳元 ⭐★★★★

08

巴里拉湾牡蛎养殖场 〈赏〉
当地最大的养殖场之一

位于塔斯马尼亚州的巴里拉湾牡蛎养殖场是当地最大的生产太平洋牡蛎的养殖场之一，开业于20世纪80

年代，每天都会捕捞到大量的牡蛎，这些新鲜牡蛎会直接被送往澳大利亚各大餐厅和海鲜市场，甚至远销到亚洲、欧洲等地，非常有名。这里的风景非常秀丽，来这里的游客不但可以在养殖场附近的餐厅中品尝新鲜美味的生蚝等各种海鲜，还可以欣赏到美丽的风景。游客还可以购买各种海鲜食品带走，但保存时间不是很长。

TIPS

📍1388 Tasman Highway, Hobart, TAS 7170 🚕乘出租车可达 ☎03-62485458 ⭐★★★

里士满 〈赏〉
充满古朴韵味的小镇

里士满是塔斯马尼亚州最古老的小镇，位于霍巴特东北部，充满了古典的氛围，保留了很多19世纪的古建筑。这里曾是监狱所在地，镇上最古老的石桥就是由囚犯建成的，建于1823年，也是澳大利亚最古老的石桥。小镇风景秀美，拥有宁静的河流、辽阔的农庄、湛蓝的天空、洁白的云朵，还能看到袋鼠在公路上奔跑，仿佛一处世外桃源，让人流连忘返。漫步在里士满，感觉仿佛置身于维多利亚时代，不仅能看到澳大利亚最古老的监狱——里士满监狱，还能看到澳大利亚现存的最古老的天主教堂——圣约翰教堂。除此之外，镇上还有很多艺术品商店和画廊供游客欣赏，因此，里士满成了一个受游客欢迎的旅游度假胜地。

TIPS

🚌在霍巴特乘专线巴士可到 ⭐★★★★★

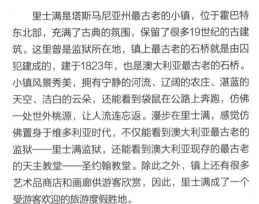

10 塔斯曼半岛
拥有卓越风光的景区

赏

位于塔斯马尼亚州东南部的塔斯曼半岛风景优美，海岸线曲折，有很多港湾经过风浪的侵蚀，形成了很多陡崖、海蚀柱和洞穴等景观，非常壮观，海浪涌入海蚀洞还能在岸上形成天然喷泉，这充分展现了大自然的鬼斧神工，是游客们拍照留念的好地方。除此之外，塔斯曼半岛上还有广阔的农庄、茂密的森林等自然景观，游客既可以在林中漫步、探险，也可以在悬崖上欣赏成群结队的海豚、海豹等动物在海中游走，还可以乘船出海，前往海中的小岛一探究竟。因此，塔斯曼半岛是一个度假休闲、观光游览的好地方，吸引了来自世界各地的游客。

 TIPS

5131 Arthur Highway, Englehawk Neck, TAS 7179　乘游船前往　03-62503331
★★★★

AUSTRALIA GUIDE

澳大利亚其他

01 罗金厄姆湾

海豚栖息的乐园

位于西澳大利亚州珀斯以南的罗金厄姆湾是一个著名的海豚保护区，而且风景优美，像一座美丽的世外桃源。这里的海岸平静而恬美，是一个著名的海滩度假胜地，吸引了来自世界各地的游客前来休闲度假。游客在这里可以冲浪、游泳、潜水，尽情享受各种各样的水上活动，还可以参观美丽的海岸公园，欣赏各种野生动植物。这里最受欢迎的项目就是与可爱的海豚进行互动，游客不仅可以从远处欣赏海豚的身影，还可以与海豚亲密接触，嬉戏玩耍，或潜入水中与海豚并肩畅游，充满了乐趣，给人留下深刻印象。除此之外，游客还可以在附近的小镇上品尝到当地特色美食，欣赏精彩的当地民俗舞蹈。

TIPS

◎从珀斯接送，每人215澳元 ★★★★★

02 尖峰石阵

澳大利亚最精彩的自然景观

TIPS

🏠The Pinnacles, New South Wales 2460 🚌乘出租车可达，或跟旅游团前往 ◎153澳元 ★★★★★

位于西澳大利亚州珀斯以北的楠邦国家公园内的尖峰石阵是澳大利亚最精彩的自然景观，也是世界闻名的自然奇观，由矗立在广阔沙漠上的数以千计的石灰岩柱组成，景象非常壮观。在太古代，这里曾是被茂密的原始森林覆盖的海滨，逐渐枯萎、风化后，沙下沉，留下了这些参差不齐的石灰石岩柱。这些石灰岩柱是由海洋中的贝壳堆积起来，经过几万年的风雨侵蚀而形成的。每当夕阳西下时，金色的阳光照射在这些石灰岩柱上，显得非常美丽壮观，是摄影爱好者钟爱的画面，也经常被用作西澳大利亚旅游明信片的经典背景。除了欣赏美景，游客在这里还可以乘坐四轮驱动车在沙漠上奔驰，或前往尖峰石阵南面的兰斯林沙丘体验有趣的滑沙运动，度过一段悠闲、难忘的自在时光。

03

洛特尼斯岛
西澳大利亚著名的旅游景点之一

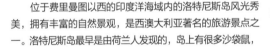

赏

位于费里曼图以西的印度洋海域内的洛特尼斯岛风光秀美，拥有丰富的自然景观，是西澳大利亚著名的旅游景点之一。洛特尼斯岛最早是由荷兰人发现的，岛上有很多沙袋鼠，为了保护岛上的生态环境，洛特尼斯岛现在已经被列为A级保护岛屿，禁止游客带宠物上岛或是喂食岛上的动物。洛特尼斯岛因为拥有世界上最好的海滩和最美的海湾而闻名于世，吸引了很多来自世界各地的游客前来休闲度假，放松心情。游客在这里可以尽情地享受清澈的海水、洁白的沙滩和明媚的阳光，无论是游泳、浮潜、冲浪、垂钓，还是晒日光浴、欣赏沙滩风景，都会给游客带来无穷的乐趣。除此之外，岛上还保留了很多19世纪的古老建筑，游客漫步在其中会感觉仿佛置身于一个英国的小镇上，充满了维多利亚时代的风情。

TIPS

📍Rottnest Island, Western Australia, 6161　✈珀斯的Jandakot机场乘飞机或在港口乘船可到　⭐★★★★★

畅游澳大利亚

澳大利亚其他

波浪岩
被称为世界第八大奇观

赏

位于西澳大利亚州中部沙漠的波浪岩是海登岩北部最奇特的部分，高15米，长约110米，因形如一片席卷而来的波涛巨浪而得名，是西澳大利亚的著名地标，吸引了无数游客前来观光游览。波浪岩历史悠久，形成于25亿年前，经过了风雨的侵蚀，表面呈现的是黑色、灰色、红色、咖啡色和土黄色的条纹，使得岩石更像是汹涌而来的海浪，被称为世界第八大奇观。波浪岩于1963年被一位名叫Joy Hodges的摄影师发现，然后拍摄了一组摄影

作品，并在美国纽约的国际摄影比赛中获奖，又荣登美国《国家地理》杂志封面，从此波浪岩名声大振，吸引了众多摄影爱好者前来取景。要想捕捉到波浪岩各种颜色的条纹，就要选择在午后取景，因为这是条纹颜色最鲜明的时候。

TIPS

📍Wave Rock Road, Hyden WA 6359　✈乘飞机至波浪岩机场　💰150澳元　⭐★★★★★

玛格丽特河

澳大利亚的风景名胜之一

赏

位于西澳大利亚州的玛格丽特河是该州最著名的葡萄酒酿酒区之一，拥有超过60座大大小小的葡萄园，而且风景如画，还有石灰岩洞穴、冲浪海滩等景观，因此又被称为"澳大利亚最美的葡萄种植区"，也是著名的休闲旅游度假胜地。游客在这里不仅可以参观葡萄园，品尝不同风味和不同种类的优质葡萄酒，还可以在海边进行冲浪、游泳、浮潜、拾贝、垂钓等活动，非常悠闲自在，众多来自世界各地的冲浪爱好者，沿着风景优美的驾车路线欣赏美景，参加一年一度的Leeuwin Estate音乐会，沿着风景迷人的自然步道进行远足，从而在这里度过一段快乐的时光。

TIPS

🚍 在珀斯市区内乘South West Coath Lines旅游巴士
⭐ ★ ★ ★ ★

看点 01　土著生活冒险之旅

玛格丽特河著名的旅游项目

土著生活冒险之旅是玛格丽特河上著名的旅游项目，非常受游客的欢迎。游客需要自己划独木舟从玛格丽特河河口出发，沿着河流逆流而上，一边享受划船的乐趣，一边欣赏两岸的美丽风光。游客可以在到达Boolaloogar后上岸，感受当地充满原始风情的土著生活，品尝当地的特色美食，相信必定会流连忘返。

看点 02　大钟乳石洞

自然奇观的聚集地

大钟乳石洞景区汇集了各种溶洞景观，包括暗河、石笋、石柱、钟乳石等，拥有360多个大大小小的钟乳石洞，景色秀美，让人目不暇接，吸引了众多喜爱自然景观的游客。游客在这里可以根据自动导游系统安排自己的游览线路，尽情欣赏这些大自然奇观。有些钟乳石造型独特，巧夺天工，让人不得不感叹大自然的神奇力量。

06 阿德莱德之屋

皇家飞行医疗团的创始地

皇家飞行医疗队是澳大利亚特有的一个组织，是一个专门为在澳大利亚偏远地区居住、工作和旅行的人们提供免费的紧急医疗救助和保健服务的团队，由澳大利亚基督教长老会的牧师约翰·弗林创建于1928年。阿德莱德之屋就是皇家飞行医疗队的创始地，建于20世纪20年代，是当时北方领土地区最大的一家医院，如今已经成为纪念皇家飞行医疗队创始人约翰·弗林牧师的纪念馆。这里展示了很多与弗林牧师生平事迹有关的资料和物品，让游客能够更加了解这位伟大的牧师以及拓荒时期的医疗情况。

TIPS

位于拓德树荫路上　08-89561856　4澳元　★★★

07 凯布尔海滩

风景优美的海滩

位于西澳大利亚州布鲁姆小镇附近的凯布尔海滩长约22公里，拥有清澈的海水、洁白的沙滩，是澳大利亚最好的海滩之一，在世界上也享有盛誉，是一个休闲旅游度假胜地，非常受游客们的欢迎。平坦的海滩，细腻的沙滩，碧绿的海水，都让人流连忘返，游客在这里可以进行冲浪、滑水、游泳、浮潜、或者在沙滩上享受明媚的阳光。海中还有很多珊瑚礁，游客可以潜入水中，在珊瑚丛中穿梭，探寻神秘的水下世界。到了日落时分，金色的夕阳照射在海面和沙滩上，形成一幅极美的画面，游客可以一边骑着骆驼在海滩上漫步，一边欣赏壮观的海滩落日，这也成了到凯布尔海滩旅游不能错过的项目之一。

TIPS

Cable Beach, Western Australia, 6726　从珀斯乘飞机可到　★★★★

畅游澳大利亚

澳大利亚其他

215

08 普尔努卢卢国家公园

澳大利亚著名的国家公园

赏

　　位于西澳大利亚州金伯利区的普尔努卢卢国家公园是澳大利亚著名的国家公园，被列入《世界自然遗产名录》，"普尔努卢卢"是当地土著语"砂石"的意思。普尔努卢卢国家公园以班古鲁班古山脉的褐黑色夹杂砂岩的圆锥尖顶群的独特景观而闻名于世，这些石块都是经过了2000多万年的风雨侵蚀而形成的。班古鲁班古山脉海拔约578米，岩层由红色和褐色交叠，红色是因地层中具有铜或锰，在空气中被氧化而形成的，褐色是由于岩层多孔，透水而产生了蓝绿藻。游客在这里不仅可以看到这些独特的地形结构，还可以看到澳洲长尾小鹦鹉、彩虹鸟等130多种鸟类，以及钉尾小袋鼠和短耳岩袋鼠等澳大利亚特有的物种，因此这里受到了很多喜爱自然生态环境的游客的欢迎。在这里，最受欢迎的游览方式就是乘坐直升机，在空中俯瞰整座公园，非常宏伟壮观。

TIPS

 Duncan Highway, Kununurra WA 6743 　从珀斯乘飞机可到 ★★★★

西麦当诺国家公园

澳大利亚著名的自然公园之一

位于澳大利亚北方领土地区的西麦当诺国家公园是澳大利亚著名的自然公园之一，拥有很多自然地质奇观，包括麦当诺山脉的精华部分，其中最著名的是史丹利裂缝和辛普森峡谷。辛普森峡谷是西麦当诺山脉最宏伟壮观的峡谷，从冰河时期开始形成，地势十分险峻，拥有几十种当地特有的野生动植物，还有一条流淌的小溪从中穿过。游客在这里抬头可以看见蔚蓝的天空，低头可以看见奔流的小溪，周围还有很多高大挺拔的树木，让人沉醉其中。游客不仅可以在峡谷中步行，还可以骑自行车在崎岖的山地中穿梭。公园内各种各样的自然景观吸引了无数来自世界各地的游客，让人不得不感叹大自然的神奇造化。

TIPS

📍South Stuart Highway, Alice Spring 🚆乘火车至艾丽斯泉站下，换乘出租车前往 ☎08-89518211 🎫105澳元 ⭐★★★★

畅游澳大利亚

澳大利亚其他

10 乌卢鲁·卡塔楚塔国家公园 赏

澳大利亚著名的地质公园之一

位于澳大利亚中部的乌卢鲁·卡塔楚塔国家公园拥有很多奇特的地质和地貌景观，是澳大利亚著名的地质公园之一，1987年被列入《世界自然遗产名录》。这里也是一个展现干旱生态环境特有的生物多样化的重要保护区，拥有很多珍贵的和濒临灭绝的动植物，包括小尤加利树、鬣刺属植物、金合欢属植物、沙砾、硬木树、伞层花桉等半沙漠植物，以及袋鼠、澳洲野犬、袋狸、鸸鹋、蛇、蜥蜴等动物。除此之外，这里还生活有很多土著，保留着狩猎、毁林种田、采集野果等传统的生活方式。游客在这里既可以欣赏壮观的景色，也可以体验原始的土著生活，因此这里吸引了众多来自世界各地的游客。

TIPS

⬤ Park Manager, PO Box 119, Ayers Rock Uluru 0872 ⬤ 在艾丽斯斯普林斯机场乘巴士可到艾尔斯巨石   ★★★★★

看点 01 | 艾尔斯巨石

世界上最大的独体岩石

位于广阔的沙地平原上的艾尔斯巨石是一块巨大的红色砂岩石，也是世界上最大的独体岩石，高约340米，被联合国教科文组织评为"世界自然遗产"。艾尔斯巨石是5亿年前地壳运动中形成的山脉经过岁月风雨的侵蚀后留下的残体，位于澳大利亚的几何中心上，以红色为基调，在不同强度的阳光照射下会改变颜色，让人叹为观止。岩石周围还有很多因风化而形成的岩洞，洞中有当地的古代土著Anangu族留下的绘画。当地的土著将艾尔斯巨石视为圣石，在这里举行各种宗教活动。

看点 02 | 奥加斯岩

充满活力的巨石阵

位于澳大利亚荒原上的奥加斯岩是由36块巨石组成的巨石阵，共有28个山头，有的独立，有的连在一起，高约546米，被当地土著称为"多头"。由于岩石中含有氧化钙的成分，因此岩石表面呈红褐色，显得苍凉古朴。在岩面的裂缝中还有清水，因此这里栖息着很多野生动植物，奥加斯岩比艾尔斯巨石更加具有活力。

11 拓德商店街

小城之内的繁华商业街

逛

位于澳大利亚艾丽斯普林斯市中心的拓德商店街是当地最繁华的街区，常年都是人潮涌动，街道两边有各种各样的商店，包括各种纪念品、工艺品商店，以及具有当地特色风味的餐厅，其中最著名的工艺品商店是Aboriginal Desert Art Gallery和Aboriginal Deamtime Gallery，充满了当地土著特色。游客在这里既可以买到各种具有当地特色的纪念品作为礼物，也可以品尝到当地的风味小吃，因此这里非常受游客的欢迎。除此之外，每到周日，拓德商店街还会有假日集市，聚集了很多小摊位，附近的居民和游客都会来选购各种日常用品和工艺品，非常热闹。

TIPS

Alice Springs NT 0870 乘火车至艾丽斯泉站下，换乘100、101、200、300路公交车至邮局站下 ★★★

---

12 电信站历史保护区

艾丽斯斯普林斯的发源地

赏

为了连接澳大利亚北方领土地区的达尔文和南澳大利亚阿德莱德，澳大利亚政府在1870年决定在两座城市之间建立电信线路，并在中间设立一个电信站，这个电信站就是艾丽斯斯普林斯电信站。艾丽斯斯普林斯是澳大利亚的一个内陆城市，周围是广阔的维多利亚大沙漠，风光独特，而艾丽斯斯普林斯电信站就是这座小城的发源地。艾丽斯斯普林斯电信站是一座造型古朴典雅的木屋，如今已经建成了电信站历史保护区，成了这里著名的旅游景点，也是来艾丽斯斯普林斯旅游必到的景点之一。木屋里保留了很多当时使用的电报设备，以及站长一家的一些生活设施，让游客在这里可以感受到19世纪的生活场景。

TIPS

乘火车至艾丽斯泉站下，换乘出租车可达 08-89523993 7.5澳元 ★★★★

13 皇家飞行医疗站

展示皇家飞行医疗队功绩的地方

赏

皇家飞行医疗队是1928年由澳大利亚基督教长老会的牧师约翰·弗林创建的一个独特的组织，全天24小时通过航空提供紧急医疗和保健服务，主要的服务对象是居住、工作或旅行在澳大利亚偏远地区的人们。皇家飞行医疗站是为皇家飞行医疗队提供后勤保障和服务的地方，如今已经成了一个博物馆，收藏和展示各种与皇家飞行医疗队有关的资料，包括一些图片、文字、影像资料，以及各种医疗器具的模型、服务队使用的飞机机舱模型等实物和一些珍贵的历史文物。游客在这里能够更加深入地了解皇家飞行医疗队的理念，以及一些急救治疗的过程和他们所取得的成绩。

TIPS

8 Stuart Terrace, The Gap NT 0870 乘火车至艾丽斯泉站下，换乘100、101、300、301、500路公交车至Bath Street站下 08-89521129 7澳元 ★★★

14 艾丽斯斯普林斯沙漠公园

充满荒凉色彩的沙漠公园

逛

位于澳大利亚北方领土地区的艾丽斯斯普林斯沙漠公园是当地著名的自然公园，拥有丰富的自然景观，主要分为沙漠河流区、沙地国度和野生森林区三个区域。公园内拥有120多种动物和350多种植物，游客在这里能够看到沙漠中的河流和森林，打破了人们对沙漠的传统观念，还能在导游的带领下看到飞翔在空中的肉食性鸟类，以及一些濒临灭绝的动物在夜间的生活情况。除此之外，公园内的爬虫类中心还有大型的爬虫类展览，从像手臂一样细的蟒蛇到像树干一样粗的蟒蛇，应有尽有，还有各种不同种类的蜥蜴，一定会让游客感到不虚此行。公园内的当地土著民俗表演和鸟群猎食表演同样非常精彩，受到了来自世界各地的游客的欢迎。

TIPS

Larapinta Drive, Alice Spring 乘火车至艾丽斯泉站下，换乘出租车可达 08-89518788 20澳元 ★★★★

15 美人角

澳大利亚著名的海马繁殖基地

位于塔斯马尼亚州塔玛河河口的美人角是澳大利亚著名的海马繁殖基地，也是著名的生态旅游景区，将科研、观光和科普集于一身。美人角风景秀丽，是海水与淡水的交汇地，因此拥有众多水生生物，也是垂钓的好地方。游客在这里可以欣赏美丽的风景，享受悠闲的度假时光，也可以走进海马繁殖抚育中心水族馆了解海马的相关知识。水族馆中有各种各样不同品种的海马供游客欣赏，同时还能让游客了解它们的繁育过程，增长知识，因此吸引了很多来自世界各地的游客前来参观游览。

TIPS

🏠Shed 1a Inspection Head Wharf Beauty Point TAS 7270 🚌从德文波特乘游船前往 ☎03-63834111 💴20澳元 ⭐★★★

---

16 史都渥监狱

艾丽斯斯普林斯最古老的建筑物

位于艾丽斯斯普林斯小镇上的史都渥监狱建于1907年，是艾丽斯斯普林斯现存最古老的建筑物，采用石质建材，造型也很普通。史都渥监狱曾是澳大利亚中部地区最大的监狱，直到1938年才正式关闭，如今这里已经变成了历史展馆，游客在这里能够参观囚房，还能看到很多过去的资料和刑具，让人感受到这里昔日的气息。监狱内墙上斑驳的痕迹和浓重的霉味似乎都在向游客诉说着这里的悠久历史和曾经的时光。

TIPS

🏠8 Parsons St. 🚌乘火车至艾丽斯泉站，换乘出租车可达 💴2澳元 ⭐★★★

STUART TOWN GAOL
1909 - 1938
NATIONAL TRUST OF AUSTRALIA N.T.

17 总督官邸
艾丽斯斯普林斯市著名的历史遗迹

位于艾丽斯斯普林斯市的总督官邸是20世纪20年代建造的澳大利亚总督府驻艾丽斯斯普林斯市代表的府邸。后来这里变成了到艾丽斯斯普林斯访问的各界贵宾留宿的地方，曾接待过很多名人，包括英国女王伊丽莎白二世夫妇、查尔斯王子和戴安娜王妃等，因此吸引了很多游客前来参观游览。建筑造型古朴典雅，简洁大方，在设计上非常重视舒适度等细节，厚实的墙壁使官邸内部非常凉爽，达到了防暑降温的效果，屋内的主廊还被称为"冷冻人行道"。

TIPS

🏠31Raliway Terrace 🚆乘火车至艾丽斯泉站下，步行10分钟即达 ⭐★★★★

18 朗塞斯顿
澳大利亚历史最悠久的城市之一

位于塔斯马尼亚州北部的朗塞斯顿是一个港口城市，也是塔斯马尼亚州的第二大城和铁路枢纽，具有非常悠久的历史。朗塞斯顿是英国移民最早的聚居地，现在仍保留着大量维多利亚时期的建筑，充满了浓厚的英伦风情，漫步在这里会让人感觉仿佛置身于一个古老的英国小镇。朗塞斯顿市区有三大公园，分别是市立公园、皇家公园和国王公园，每一座公园都非常古老，拥有高大的树木，宽广的草坪，色彩艳丽的花朵，与城区巧妙地结合在一起，因此这里又被称为"公园之城"。由于朗塞斯顿位于塔马河谷中心，周围是秀丽的田园风光，而且环境幽静，到了黄昏和周末，市区主要街道几乎都没有人，游客在这里可以尽情感受悠闲的情调，度过一段美好的时光。

TIPS

🏠Launceston, Tasmania Wales 🚆乘火车至朗塞斯顿站下 ☎03-63363133 ⭐★★★★

畅游澳大利亚
澳大利亚其他

19 安乍克之丘 赏
艾丽斯斯普林斯市的制高点

位于艾丽斯斯普林斯近郊的安乍克之丘是艾丽斯斯普林斯市的制高点，山上风景秀丽，有茂密的树林和色彩艳丽的野花，充满生机和活力，让登山的游客感到心旷神怡。这座小山被当地的土著称为Untyeyetweleye，并且拥有动人的传奇故事。游客在安乍克之丘的山顶能够俯瞰到整个艾丽斯斯普林斯市的美丽风光，还可以眺望到远方的无边旷野，让人的心胸也变得宽广起来。除此之外，游客在山顶还能看到很多战争纪念碑，都是为了纪念在战争中牺牲的澳大利亚将士而建的，其中最早的一座是为纪念第一次世界大战中阵亡的澳洲士兵而建的。

TIPS

🏠Alice Springs NT 0870 🚌乘火车至艾丽斯泉站下，换乘100、101路公交车至Stuart rlighuy站下 ⭐⭐⭐

20 弗雷西内国家公园 赏
世界著名的风景区

弗雷西内国家公园位于塔斯马尼亚州东海岸，是一个世界著名的风景区，拥有粉色的花岗岩群山、洁白的沙滩、湛蓝的海水，以及被誉为"全球十大最美海滩"的酒杯湾，吸引了来自世界各地的众多游客。游客在这里可以在海中划船、游泳和潜水，还可以看到成群的鲸和海豚在海中游走，成群的海鸟在海上飞舞，尽情享受悠闲的海滩风光。公园内还有连绵的群山、大片的沙丘和桉树林，游客可以走进群山中进行露营和徒步探险等各种户外活动，还能看到各种野生动物在山中奔跑，因此特别受喜爱户外活动的游客的欢迎。

TIPS

🏠C302, Coles Bay TAS 7215 📞03-62567000
⭐⭐⭐⭐

21

卡塔拉科特峡谷

风光秀美的自然风景区

TIPS

📍69 Basin Road, Launceston TAS 7250 🚗从朗塞斯顿乘出租车可达 📞03-63315915 ⭐★★★

　　位于朗塞斯顿近郊的卡塔拉科特峡谷是一个风光秀美的自然风景区，拥有美丽的维多利亚花园、陡峭的悬崖等很多壮丽的自然景观。峡谷中有一座历史悠久的跨河人行铁索桥，铁索桥建于1904年，两边是近乎垂直的悬崖峭壁，游客从桥上走过能够体验到非常惊险刺激的感觉。峡谷中还有横贯峡谷的单索骑式空中缆车，这也是世界上最长的单索骑式空中缆车，还有沿悬崖峭壁而建的步道，游客可以在缆车上或步道上俯瞰整个景区的美丽风光，也可以远眺朗塞斯顿的市区景观。除此之外，游客还可以在游泳池进行休闲放松，因此吸引了来自世界各地的众多游客前来参观游览。

22

布利德斯托薰衣草农庄

拥有世界最大规模的商业薰衣草田

　　位于澳大利亚塔斯马尼亚州的布利德斯托薰衣草农庄建于20世纪20年代，是由一个英格兰家庭发现这里与盛产薰衣草的法国南部的气候条件相似而建造的。布利德斯托薰衣草农庄是南半球最大的薰衣草农庄，也是世界最大的商业薰衣

TIPS

📍296 Gillespies Road Nabowla, TAS 7254 🚗从斯科茨代尔乘出租车可达 📞03-63538182 ⭐★★★

草田，一望无际的薰衣草田景色优美，与附近的树林和蓝天相互衬托，令人心旷神怡，因此吸引了来自世界各地的众多游客。夏季是薰衣草收获的季节，也是游客最多的季节。游客在这里不仅可以欣赏到大片盛开的薰衣草海洋，还能购买到薰衣草精油、薰衣草干花、薰衣草甜点等各种薰衣草产品，其中最受欢迎的就是芳香无比的薰衣草精油。

畅游澳大利亚

澳大利亚其他

23 布尔戈登农庄

澳大利亚最古老的农庄之一

位于塔斯马尼亚州的布尔戈登庄是澳大利亚最古老的农庄之一，历史非常悠久，由英国移民威廉·亚契建造于1828年，目前由亚契家族的第七代子孙负责经营。农庄中有很多造型古典的小木屋，充满了英国乡村风情，漫步在其中会让人感觉仿佛置身于一个古老的英国小镇。这里环境也非常幽静，让人感到远离喧嚣都市的舒适和安宁，是个度假休闲的好地方。在布尔戈登农庄附近是一片广阔的原野，游客可以在这里策马奔驰，欣赏美景，放松心情，因此吸引了众多游客前来休闲度假。

TIPS

⊙Woolmers Lane（C520）Longford 7301 Tasmania
🚌乘火车至朗福德站下，换乘出租车可达　☎03-63911383
⭐★★★★

24 罗斯

风景优美的小镇

位于霍巴特和朗塞斯顿之间的罗斯是一个风景优美的小镇，拥有非常宁静的氛围，而且历史悠久，建于19世纪。小镇上有一座1836年建造的古老的小桥，横跨玛魁尔河，桥上有186个精美的浮雕，而且造型各不相同，吸引了很多游客前来欣赏。在小桥旁边还有一座古色古香的大教堂，为小镇增添了几分古典的氛围，据说宫崎骏笔下的《魔女宅急便》就是以这里为参考场景创作的。镇上的羊毛博物馆向游客介绍了塔斯马尼亚州羊毛事业的发展历程，以及绵羊的种类和饲养方法，让游客充分了解这座美丽的小镇。在罗斯，游客能够远离城市的喧嚣，欣赏这里的美景，感受这里的悠闲气氛。因此，罗斯成了附近市民和外地游客休闲度假的好地方。

TIPS

⊙Tasmania Wool Centre, Church St.　🚌乘火车至罗斯站下，步行约12分钟即达　☎03-63815466　⭐★★★★

25 拓瓦纳野生动物园
野生动物的乐园

位于穆尔溪附近的拓瓦纳野生动物园是一个采用放养方式喂养各种野生动物的动物园，拥有超过35种野生动物，包括袋鼠、鸭嘴兽、树袋熊等澳大利亚特有的野生动物。动物园根据不同动物的生活习性设置了围墙区和放牧区，游客在这里可以亲手喂食各种野生动物，并在工作人员的指导下与袋鼠们一起嬉戏玩耍，给

TIPS

📍1892 Mole Creek Road, Mole Creek, Tasmania 🚃乘火车至Chudleigh站下，换乘出租车可达 ☎03-63636162 💰16澳元 ⭐★★★★

游客留下了深刻印象。动物园中还有一种塔斯马尼亚州特有的动物——袋獾，这种动物非常罕见，是一种食腐动物，体型小巧，通常都是在夜间进行捕食，被人们称为"塔斯马尼亚的魔鬼"。

26 派恩加纳牧场
一个古老的牧场

澳大利亚素有"骑在羊背上的国家"之称，因此来到澳大利亚旅游最不能错过的就是原生态牧场游。派恩加纳牧场是一个古老的牧场，这里的水草丰美，因此牛羊也都长得十分健壮，乳汁也十分甘甜。在这里，游客能够看到成群的牛羊散落在广阔的绿色草原上，再加上蔚蓝的天空和洁白的云朵，整个景象非常壮观、美丽，让人心旷神怡。派恩加纳牧场是澳大利亚唯一一家以手工方式生产奶酪的牧场，奶酪口感醇厚，非常受游客们的欢迎。牧场中还有一家"圣牛咖啡厅"同样受欢迎，游客可以在这里品尝到咖啡和红酒，以及美味的特色小吃和甜点。

TIPS

📍St. Columbia Falls Road, Pyengana TAS 7216 🚃跟旅游团前往 ☎03-63736157 ⭐★★★★

畅游澳大利亚　澳大利亚其他

227

27 圣海伦斯

塔斯马尼亚最大的渔港

TIPS

📍61 Cecilia St. 🚢乘游船前往 ☎03-63671744 ⭐★★★★

位于塔斯马尼亚州北面的圣海伦斯是一个风景秀丽的渔港小镇，乔治湾和圣海伦斯角长长的海岬为它提供庇护，建于19世纪30年代。小镇上有一座圣海伦斯历史展厅，向游客展示这里的历史和发展。这里还有美丽的滨纳隆湾海滩，游客可以在洁白细腻的沙滩上晒日光浴、散步、慢跑，进行各种沙滩娱乐项目，也可以游泳、冲浪，在湛蓝的海水中畅游。除此之外，游客来圣海伦斯旅游最不能错过的就是品尝这里新鲜美味的各种海鲜佳肴，在圣海伦斯的众多海鲜餐厅中，Angasi餐厅是最有名的一家，这里会为游客提供各种美味的澳大利亚菜，海鲜食材都非常新鲜，让游客能够大饱口福，并且回味无穷。

28 比切诺镇

古老的捕鲸镇

比切诺镇是一个因捕鲸业兴旺而发达起来的古老小镇，随着时代的变迁，这里如今已经成了一个保护生态环境的模范城镇，而且是一个非常具有吸引力的度假小镇。小镇上有一座古老的灯塔，曾是为夜间入港的捕鲸船照明的地方，现在成了小镇上著名的旅游景点之一，几乎每个来到这里的游客都会在这里拍照留念。到了黄昏时分，游客在这里还能看到可爱的神仙企鹅归巢的场景，以及沿海岸飞翔的黑脊鸽、短尾海鸥等鸟类，场面非常壮观。除此之外，一望无际的大海、壮丽的海岸，以及洁净的蓝天白云，都为小镇增添了几分悠闲气息，游客在这里可以划船、垂钓、冲浪、游泳，尽情享受大自然带来的无限魅力。

TIPS

📍69 Burgess St.4 🚢乘游船前往
☎03-63751500 ⭐★★★★★

29 克雷德尔—圣克莱尔湖国家公园

风景壮丽的旅游胜地

TIPS

🏠 Cradle Mountain TAS 7306　🚌 跟旅游团前往　☎ 03-64921110　⭐⭐⭐⭐⭐

　　位于塔斯马尼亚州中央高地的克雷德尔—圣克莱尔湖国家公园是一片世界遗产荒野，建于1922年，拥有丰富的自然景观和美丽的自然风光，是塔斯马尼亚州首屈一指的观光胜地。公园以海拔1617米的塔斯马尼亚州最高峰奥斯萨山为中心，周围延绵的山峦被茂密的原始森林覆盖，还有很多峡谷、悬崖以及幽静的湖泊，形成了一片人间仙境般的美丽景色。圣克莱尔湖是公园内最深的淡水湖，犹如一颗蓝宝石般镶嵌在绿色的群山中，吸引了来自世界各地的无数游客前来观光游览。克雷德尔—圣克莱尔湖国家公园还有种类繁多的动物供游客观赏，包括澳洲小袋鼠、袋鼬、针鼹、树袋熊以及十多种鸟类。除此之外，这里也是一个适合徒步旅行的公园，游客可以在沿途的荒原上欣赏美丽的自然风光，或者在山脚的海岸线上感受落日的壮美。因此，这里受到了徒步旅行爱好者的欢迎。

30 卡卡杜国家公园

澳大利亚最大的国家公园

TIPS

🏠 Kakadu NT 0822　🚌 在达尔文市跟旅游团前往
☎ 08-8381121　⭐⭐⭐⭐⭐

　　位于澳大利亚北部的卡卡杜国家公园是澳大利亚最大的国家公园，占地面积约1.9万平方公里，曾是卡卡杜族土著自治区，拥有众多自然生态景观，是文化与自然双重遗产，1981年被列入《世界遗产名录》。卡卡杜国家公园拥有潮汐涨落、冲积平原、低洼地带、高原地带等独特而复杂的生态系统，适合很多独特的动植物繁衍，因此动植物种类繁多，包括5000多种昆虫、280多种鸟类、70多种爬行动物、60多种哺乳动物以及1600多种植物。除此之外，卡卡杜国家公园还有很多悬崖，在悬崖上的岩洞中有很多岩石壁画，是当地土著的祖先利用猎物的鲜血和各种不同颜色的矿物质绘制而成。这些壁画记录了动物种类随着年代的变化，最早可追溯到最后一次冰河时期，画中有袋鼠、鸸鹋以及一些已经绝迹的物种。目前，在公园内共发现7000多处壁画，是研究当地土著发展历程的重要依据。

索引 INDEX

畅游澳大利亚 AUSTRALIA

○ 畅游系列！

更多图书
敬请期待……

○ 攻略系列！

更多图书
敬请期待……

图书在版编目（CIP）数据

畅游澳大利亚/《畅游澳大利亚》编辑部编著. —3版. --北京：华夏出版社，2019. 1
（畅游世界）

ISBN 978 - 7 - 5080 - 9556 - 1

Ⅰ．①畅… Ⅱ．①畅… Ⅲ．①旅游指南－澳大利亚 Ⅳ．①K961.19

中国版本图书馆CIP数据核字（2018）第187761号

畅游澳大利亚

作　　者	《畅游澳大利亚》编辑部	
责任编辑	杨小英	
责任印制	刘　洋	

出版发行	**华夏出版社**	
经　　销	新华书店	
印　　装	河北赛文印刷有限公司	
版　　次	2019年1月北京第3版　　2019年1月北京第1次印刷	
开　　本	720×920　　1/16开	
印　　张	15	
字　　数	200千字	
定　　价	58.00元	

华夏出版社　网址:www.hxph.com.cn　地址：北京市东直门外香河园北里4号　邮编：100028
若发现本版图书有印装质量问题，请与我社营销中心联系调换。电话：（010）64663331（转）